Jonathan Lommel

Feuer und Flamme für den Höchsten

Die Berufung für dein Leben

entdecken und verfolgen

Jonathan Lommel

Feuer und Flamme

für den Höchsten

Die Berufung für dein Leben entdecken und verfolgen

Jonathan Lommel
Feuer und Flamme für den Höchsten
Die Berufung für dein Leben entdecken und verfolgen

Bestell-Nr. 271.131
ISBN 978-3-86353-131-7
Soweit nicht anders vermerkt,
wurde die folgende Bibelübersetzung verwendet:
Revidierte Elberfelder Bibel © 1985/1991/2008 SCM R.Brockhaus
im SCM-Verlag GmbH & Co. KG, Witten
Darüber hinaus wurden folgende Übersetzungen verwendet:
Gute Nachricht Bibel,
© 1997 Deutsche Bibelgesellschaft, Stuttgart (GNB)
NeÜ bibel.heute, © 2013 Karl-Heinz Vanheiden,
www.kh-vanheiden.de (NeÜ)
Bibeltext der Neuen Genfer Übersetzung – Neues Testament und
Psalmen, Copyright © 2011 Genfer Bibelgesellschaft (NGÜ)

1. Auflage
© 2015 Christliche Verlagsgesellschaft Dillenburg
www.cv-dillenburg.de
Umschlaggestaltung und Satz:
Christliche Verlagsgesellschaft Dillenburg
Umschlagmotive: © Malija/Shutterstock.com (Hintergrund);
© Arcady/Shutterstock.com (Stempel)
GGP Media GmbH, Pößneck
Printed in Germany

Inhalt

Einleitung 7

1   „Sag nicht, ich bin zu jung!"   14
2   Im Krieg wird scharf geschossen   19
3   Deine Geschichte mit Gott   52
4   Gaben entdecken und Feuer frei   75
5   Projekt 100   90

Noch was zum Schluss   106

Anmerkungen   108

Einleitung

Kennst du sie auch? Diese Sehnsucht, etwas Bedeutungsvolles zu tun, etwas, das bleibenden Wert hat für Gottes Reich? Fragst du dich auch, was Gott mit dir vorhat, ob er eine Berufung für dich hat? Dann bist du nicht allein. Als junger Mensch stellt man sich die Frage, in welche Richtung es im Leben geht. Als Christ bringt man diese Frage gerne mit dem Wort „Berufung" in Verbindung. Hat Gott auch eine Berufung für dich? Oder kann Gott dich womöglich erst gebrauchen, wenn du eine gewisse Reife erreicht hast?

*

Jeremia war ein junger Kerl. Er hatte eine Ausbildung im Priesteramt gemacht, und dann erlebte er eine Berufung von Gott, wie sie im Buche steht. Ihm wird sogar tatsächlich ein eigenes Buch in der Bibel zugeschrieben. Noch heute, 2.500 Jahre später, lesen wir von seiner Berufung und deren Folgen:

Gott offenbart sich dem jungen Jeremia, spricht mit ihm, berührt sogar dessen Lippen mit seiner Hand und gibt ihm einen Auftrag, der einem Himmelfahrtskommando gleicht: Er soll dem Volk Israel verkünden, dass Gottes Gericht über es hereinbrechen und Jerusalem erobert werden wird. Ein Himmelfahrtskommando war es deshalb, weil Propheten, die im Namen Gottes solche Aussagen machten, gerne mal einen Kopf kürzer gemacht wurden.

Insgesamt eine krasse Story. Ich habe das Buch Jeremia in meiner Jugendzeit immer wieder gelesen – besonders den Anfang, weil er eine ganz besondere Aussage hat. Schauen wir uns Jeremias Berufung etwas genauer an. Alles beginnt damit, dass Jeremia von Gott angesprochen wird. Niemand kann sich selbst berufen, man wird berufen. Gott spricht auch heute noch Menschen an, erteilt ihnen Aufträge und gibt ihnen alles für eine erfolgreiche Umsetzung mit auf den Weg. Er sagt auch heute noch zu dir dieselben fantastischen Worte, die er Jeremia zusprach:

*Noch bevor ich dich im Mutterleib formte, hatte ich
dich erwählt. Noch ehe du geboren wurdest, hatte
ich dich geweiht ...*
Jeremia 1,5; NeÜ

Du bist vielleicht nicht dazu berufen, ein moderner Prophet zu sein, aber es gibt ihn tatsächlich: Gottes großartigen Plan für dein Leben. Einen Plan, den dein Schöpfer über dir ausgesprochen hat, noch bevor du im Bauch deiner Mutter heranwuchst. Unter anderem deshalb ist Abtreibung auch so ein Gräuel. Was dabei zerstört wird, ist in Gottes Augen bereits ein Mensch, mit dem er einen Plan hatte. Wenn du dich fragst, warum du auf dieser Welt bist, was deine Berufung ist, dann beginnt die Suche bei der Tatsache, dass Gott wollte, dass du existierst. Genau wie ein Töpfer sich vorher hinsetzt und überlegt, was er da modellieren will – ob eine Schüssel, einen Krug oder eine kleine Skulptur –, so hat auch Gott sich vor deiner Entstehung bereits Gedanken über dein Leben gemacht. Noch bevor dein kleines Herz im Mutterleib anfing zu schlagen, schlug Gottes Herz für dich.

Dass ein Töpfer sich vorher die Zeit nimmt, sich hinsetzt und seine Fantasie spielen lässt, um zu überlegen, was er aus dem Ton machen könnte, zeugt von Wertschätzung. Er will nicht riskieren,

Noch bevor dein kleines Herz im Mutterleib anfing zu schlagen, schlug Gottes Herz für dich.

dass sein Projekt aus dem Ruder läuft oder nur so dahindümpelt. Wer sich die Zeit nimmt, vorab einen klaren Plan zu schmieden, der beweist, dass ihm die Sache, die er angeht, am Herzen liegt. So zeigt also auch Gottes Plan mit dir, dass du ihm am Herzen liegst.

Bevor Gott dir deine Berufung offenlegt, die deutlich macht, wohin dein Lebensweg gehen soll, zeigt er dir, wo er begonnen hat.

Die Frage nach dem Sinn des Lebens muss ausreichend geklärt sein, sonst ist auch eine Berufung zwecklos. Die Geschichte von der Berufung Jeremias zeigt das sehr gut. Gott hätte diesem jungen Mann direkt die harten Fakten hinknallen können. Er hätte ihm wie ein strenger Oberbefehlshaber seinen riskanten Auftrag in einer Mappe hinlegen können mit den bestimmenden Worten: „Führe den Befehl ohne Widerworte aus! – Viel Erfolg." Aber nein, stattdessen erklärt er diesem jungen Mann zunächst einmal den Sinn seines Lebens.

Wenn wir nicht verstehen, warum wir überhaupt auf der Erde sind, warum wir eigentlich atmen, dann nützt uns auch keine Berufung. Bevor du berufen wirst, musst du verstehen, warum du eigentlich lebst, und Gott liefert die Antwort:

Du lebst, weil er dich liebt und weil er dein Schöpfer ist.

Die größte Berufung besteht nicht darin, etwas Bestimmtes zu tun, sondern darin, etwas Bestimmtes zu sein: Kind Gottes. Bevor Gott dich mit einem Auftrag beruft, will er, dass dir klar ist, wie sehr er dich liebt und dass du kein Zufallsprodukt bist, selbst wenn deine Eltern sagen, dass du ein „Unfall" warst oder du adoptiert bist. Nachdem wir aber begriffen haben, wo wir eigentlich herkommen, sagt Gott uns auch früher oder später, wo es hingehen soll.

Jeremia hatte Theologie studiert, er arbeitete als Priester, dann sprach der Herr zu ihm. Ab diesem Zeitpunkt war er kein Priester mehr, er war nun ein Prophet. Vielleicht hatte er sich schon darauf eingestellt, sein ganzes Leben lang im Tempel zu arbeiten. Eine geregelte Arbeitswoche, wenig bis gar nichts Unvorhersehbares. Womöglich hatte er sich bereits damit abgefunden, dass das Priesteramt ein ordentlicher Beruf war, in dem er Gott dienen könnte und immerhin vernünftig bezahlt würde. Doch dann wurde sein Leben von Gott komplett umgekrempelt.

Wenn du Gott fragst, was sein Plan, seine Berufung für dich ist, dann solltest du also auch damit rechnen, dass seine Antwort deinen eigenen kleinen Plan vom Leben durcheinanderbringen könnte. Manchmal muss Gott zuerst unsere Konzepte, Pläne und Ideen scheitern lassen, damit wir aufwachen und erkennen, dass auch er einen Plan hat, und zwar den Masterplan.

Wie reagierte Jeremia auf Gottes Berufung? Er hätte doch hocherfreut sein müssen, endlich den Sinn seines Lebens gefunden zu haben. Außerdem hatte der allmächtige Gott persönlich zu ihm gesprochen. Das wünschen wir uns doch heute auch noch, oder? Jeremias Antwort an Gott war aber zunächst keine Freude und auch keine Begeisterung, sondern Kopfschütteln.

Doch ich erwiderte: „Ach mein Herr, Jahwe! Ich kann doch nicht reden, ich bin ja noch so jung!" Da sagte Jahwe zu mir: „Sag nicht, ich bin zu jung! Geh, wohin ich dich sende, und rede, was ich dir befehle!"
Jeremia 1,6+7; NeÜ

Jeremias Reaktion auf seine Berufung ist bezeichnend. Er antwortet entsprechend seinem Selbstbild: „Ich bin zu jung!" Ich glaube, Gott muss viel Arbeit darauf verwenden, unser Denken über uns selbst zu ändern, ebenso wie unser Denken darüber, wer unserer Meinung nach dafür geeignet ist, Gott zu dienen. Gott beruft keine Helden, er beruft ganz normale Menschen, ganz normale Jugendliche, auch die, die glauben, sie seien ein Niemand.

Aber wenn Gott ruft, dann kann niemand ein Niemand bleiben.

Sag nicht: „Ich bin zu jung!" Gott will durch dich etwas bewegen. Darum frag dich mal: Könnte es sein, dass Gott bereits zu dir gesprochen hat, aber dass dir das, was er sagte, zu krass war?

Was wäre, wenn Gott bereits zu dir gesprochen hat, du es aber im Grunde gar nicht hören wolltest? Es war dir zu abenteuerlich – oder auch das genaue Gegenteil: zu unspektakulär.

Gott beruft keine Helden, er beruft ganz normale Menschen, ganz normale Jugendliche, auch die, die glauben, sie seien ein Niemand.

Vermutlich wollte Gott bereits mit dir reden, aber du hast es sofort mit deinen Ausreden abgeblockt. Was sind deine Lieblingsausreden dafür, dass du Gottes Berufung nicht annehmen kannst? Zu jung? Nur Hauptschulabschluss? Zu viele eigene Probleme? Kein Geld? Keine Zeit? Womöglich müssen wir aufhören, Gott mit Kopfschütteln zu antworten, und eine andere Haltung – wie die des Propheten Jesaja – an den Tag legen:

Dann hörte ich die Stimme des Herrn. Er fragte: „Wen soll ich senden? Wer ist bereit, unser Bote zu sein?" Da sagte ich: „Ich bin bereit, sende mich!"
Jesaja 6,8; GNB

„Sag nicht, ich bin zu jung!"

Wir können uns dafür entscheiden, unsere Jugendzeit zu nutzen und etwas in Bewegung zu bringen, und das tun wir, indem wir alle Ausreden über Bord werfen und zu Gott sagen: „Ich bin bereit, sende mich!"

Glaubst du an einen Gott, der große Dinge tut? Ja? Warum denkst du dann, dass er dich dabei ausklammert?

Junge Jünger

Wenn man an Petrus und die anderen Jünger Jesu denkt, haben die meisten wohl das Bild von kantigen Typen Mitte 40 mit Rauschebart im Kopf, die in zerlumpten, braunen Klamotten und Sandalen hinter Jesus her latschen. In Filmen werden sie oft so dargestellt. Doch „die Zwölf", die sich um Jesus scharten, waren keine gefestigten Männer, die das halbe Leben schon hinter sich hatten. Sie waren mit Sicherheit jünger als Jesus, also wahrscheinlich in den 20ern. Es gibt sogar Ausleger, die meinen, dass sie zum größten Teil noch unter 20 waren.[1]

Das ist sehr erstaunlich, denn dieser Fakt wirft ein etwas anderes Bild auf die ganzen Geschichten über die Nachfolger Jesu. Unser Herr liebt es also offensichtlich, wirklich junge Menschen zu berufen. Und was er sich da für Chaoten aussuchte! Mit denen würde heute niemand eine Gemeinde gründen oder eine christliche Freizeit organisieren. – Viel zu riskant!

Petrus war oft ein kopfloser Draufgänger mit losem Mundwerk. Judas ein junger, geldgeiler Abzocker mit trügerischem Schein, den außer Jesus wohl niemand zum Kassenwart ernannt hätte. Thomas war voller Zweifel und Skepsis. Und da war noch Simon, der Zelot – ein Schlägertyp, der das Reich Gottes gerne aus den Römern herausgeprügelt hätte. So hatte jeder von ihnen seine Macken.

Und als es schließlich hart auf hart kam, schlief die ganze Bande, während ihr Freund Jesus im Garten Gethsemane Blut schwitzte, und dann ließen sie ihn zu guter Letzt auch noch alle im Stich und rannten weg. Wie konnte Jesus solche Typen berufen? Es war doch von vornherein klar, dass mit denen nicht viel zu reißen war.

Aber diese jungen Burschen hatten scheinbar die alles entscheidende Voraussetzung erfüllt: Als Jesus sie rief, ließen sie alles stehen und liegen und folgten ihm nach. Dann begann das Abenteuer ihres jungen Lebens. Lass dir das mal auf der Zunge zergehen: Jesus sandte mehr oder weniger Jugendliche aus, dem Teufel in die Augen zu sehen und Dämonen auszutreiben! Jesus schlief, während elf verzweifelte Jungs auf dem stürmischen See Genezareth ums Überleben kämpften! Jesus beauftrage Jugendliche wie dich und mich, Kranke zu heilen und das Evangelium bis ans Ende der Welt zu bringen.

Sag nicht: „Ich bin zu jung!" Du bist genau richtig! Du musst nicht warten, bis du gereifter und

Du musst nicht warten, bis du gereifter und erfahrener im Glauben bist, um dann in deine Berufung zu kommen und Jesus nachzufolgen.

erfahrener im Glauben bist, um dann in deine Berufung zu kommen und Jesus nachzufolgen. Jesus berief zwölf Jungs und er nahm sie mit in ein neues Leben. Einfach so. Er rief, sie folgten. Sie hatten weder eine Bibelschule besucht noch waren es ausgesprochen brave Jungs und sie hatten auch definitiv noch viel zu lernen. Übrigens, mal abgesehen von den zwölf Männern, die ihn unmittelbar umgaben, hatte Jesus auch Nachfolgerinnen. Von ihnen lesen wir zum Beispiel in Markus 15,40–41. Die Ausrede „Ich bin aber ein Mädchen" zählt also auch nicht.

Das alles sollte dir Mut machen, denn Jünger wird man sozusagen „unterwegs". Du sitzt nicht auf einer Wartebank, bis du die Lektionen des Lebens so gut drauf hast, dass Jesus es riskieren kann, dich ins Boot zu holen. Er will sowieso, dass wir lernen, auf dem Wasser zu laufen – je früher desto besser. Gott scheint eine ausgeprägte Vorliebe dafür zu haben, junge Menschen zu berufen. König David war noch ein zarter Hirtenjunge, als er mit einer lächerlichen Schleuder im Namen Gottes einem furchteinflößenden Riesen entgegentrat. Der Rest ist Geschichte. Der Priester, der diesen 17-Jährigen David zum König salbte, war ebenfalls noch ein Junge gewesen, als Gott ihn zum Propheten berief. Sein Name war Samuel. Mitten in der Nacht rief Gott nach diesem Jungen, der zunächst dachte, der Priester

Eli würde ihn rufen. Dann, beim dritten Mal, antwortete er auf dessen Geheiß: „Rede, Herr, dein Knecht hört!" Dann bekam er den Auftrag seines Lebens.

Wir sehen: Gottes Berufung von Jungvolk ist kein Plan B, keine zweite Wahl, falls die Erwachsenen rumbocken. Du gehörst zu seiner Elite – nicht weil du besser wärst als andere, sondern weil Gott es liebt, junge Menschen in Bewegung zu setzen. Unsere Gesellschaft traut Teenagern nicht besonders viel zu, Gott aber sehr wohl. Er schaut nicht auf Ausbildung, Qualifikationen, Muskeln oder Ansehen. Er ruft uns und will sehen, wie wir auf sein Rufen reagieren. Haben wir ein mutiges, aufrichtiges Herz, das ihm wirklich nachfolgen will, oder wollen wir noch ein paar Jahre abwinken und Gott erklären, dass wir zu jung sind?

*

Bevor wir uns im Folgenden konkret mit dem Thema „Berufung" beschäftigen, müssen wir uns bewusst, machen, dass es einen Unterschied zwischen der individuellen persönlichen Berufung und der allgemeinen Berufung jedes Christen gibt. Lass uns zunächst einmal anschauen, welche Berufung jedem von uns gilt ...

Im Krieg wird scharf geschossen

Es herrscht Krieg, ein unsichtbarer Krieg, und er tobt jeden Tag, ohne dass wir es groß mitbekommen. Du hörst von ihm nichts in den Nachrichten, keiner postet es bei Facebook, und oftmals wollen wir auch gar nicht daran glauben, dass er wirklich existieren könnte. Es ist der Kampf gegen die dunklen Mächte der unsichtbaren Welt, die voller Bosheit und Hass gegen die Menschheit sind. In ihren Kampfreihen stehen Dämonen, ein Heer von unreinen Geistern, und ihr Anführer ist Satan selbst. Das klingt nach einem Fantasy-Roman, ist aber die Realität, wie sie uns in der Bibel beschrieben wird. Gott lässt uns darüber nicht im Unklaren:

Und schließlich: Lasst euch stark machen durch den Herrn, durch seine gewaltige Kraft! Zieht die

volle Rüstung Gottes an, damit ihr den heimtücki-
schen Anschlägen des Teufels standhalten könnt.
Wir kämpfen ja nicht gegen Menschen aus Fleisch
und Blut, sondern gegen dämonische Mächte und
Gewalten, gegen die Weltherrscher der Finsternis,
gegen die bösartigen Geistwesen in der unsichtba-
ren Welt.
Epheser 6,10–12; NeÜ

In der sichtbaren Realität scheint es, als hätten wir Frieden in unserem Land, doch in der unsichtbaren Realität tobt ein erbitterter Kampf. Wir kämpfen nicht gegen Menschen, sondern gegen unsichtbare Mächte – um Menschen und ihr ewiges Schicksal. Vielleicht hast du das Gefühl, momentan in diesen Krieg nicht groß verwickelt zu sein; es scheint, als hättest du Frieden. Doch das ist oft nur Taktik des Gegners. Ihm ist es am allerliebsten, wenn wir glauben, es gäbe gar keinen Krieg mehr in der unsichtbaren Welt. Wer kämpft schon, wenn er gar nicht weiß, dass er sich im Krieg befindet? Er will uns gerne glauben machen, dass niemand mehr gerettet werden müsste, alle seien doch glücklich und es gäbe auch nichts mehr wirklich zu bekämpfen.

Doch solltest du dich nicht entspannt zurücklehnen, weil du meinst, alles sei doch gechillt. Die Jugendzeit ist in der unsichtbaren Welt ganz besonders hart umkämpft. In keiner anderen Lebensphase versuchen der Satan und sein Heer aus bösen Geistern die Menschen so sehr zu manipulieren und zu missbrauchen. Der Grund dafür ist einfach: In der Jugendzeit fallen viele prägende Entscheidungen und man ist in einem offenen Entwicklungsprozess. Was wir in unserer Kindheit und Jugendzeit intensiv eintrainieren, behalten wir oft ein halbes oder ganzes Leben lang bei. Wir entscheiden uns, welchen Beruf wir ausüben wollen, mit welchen Leuten wir abhängen, von welcher Musik wir uns berieseln lassen und in welche Richtung unser Leben steuern soll. Doch vor allem entwickeln wir uns zu eigenständigen, mehr oder weniger unabhängigen Persönlichkeiten. Und in diese Entwicklung will der Feind aus der unsichtbaren Welt heraus Einfluss nehmen.

> Wir kämpfen nicht gegen Menschen, sondern gegen unsichtbare Mächte – um Menschen und ihr ewiges Schicksal.

Mir wurde das bereits deutlich, als ich dreizehn war. Mein älterer Bruder und ich wuchsen in einer christlichen Familie auf. Wir gingen zusammen in die Sonntagsschule und waren gute Kumpels (trotz ständiger Rangeleien). Wir machten vieles zusammen, und er war mein Vorbild, weil er Dinge energisch anpackte und durchzog. So versuchte er auch sein

Christsein zu leben, auf eine gute radikale Art und Weise.

Doch dann erlebte ich mit, wie dieser Jünger Jesu zu kämpfen hatte und schließlich von einem Tag auf den anderen aus der heiligen Arme Gottes austrat. Plötzlich richtete sich seine kompromisslose Natur *für* Gott *gegen* Gott. Er hatte damals sein eigenes Zimmer bei uns im Keller und die Veränderungen wurden dort sehr schnell sehr deutlich. Die unsichtbaren Mächte des Bösen hatten mit ihrem Hass und der Rebellion gegen Gott den Raum verfinstert. Die Einflüsse des Satans sind nicht immer direkt offensichtlich, er gibt sein Bestes, getarnt zu arbeiten. Doch bei meinem Bruder konnte jeder es sehen, der sein Zimmer betrat. Er packte alles, was mit dem christlichen Glauben zu tun hatte, in einen großen Sack und beförderte diesen in die Mülltonne: christliche Literatur, sein What-would-Jesus-do-Armband, seine Bibel ... Stattdessen zierten nun Poster von germanischen Göttern und dunklen Kriegern seine Zimmerwände. Seine neue Musik waren Lobeshymnen auf Odin und das Vaterland, voll mit antichristlichen Einstellungen.

In dieser Zeit merkte ich, dass die Jugendzeit bitter umkämpft ist, dass es ein unsichtbares Heer von bösen Geistern und Einflüssen gibt. Ihr

Ziel ist es, Menschen von Jesus fernzuhalten, sie zu quälen, zu zerstören, Chaos zu verbreiten und die Hölle voll zu kriegen. Sie sind das personifizierte Böse.

Bis heute, zwölf Jahre später, kämpft mein Bruder auf der falschen Seite. Als ich die negative Entwicklung meines Bruders mitbekam, hatte ich die Befürchtung, mir könnte dasselbe drohen. Doch Gott hat mich bewahrt – Gott sei Dank!

Als kleiner Junge hatte mein Bruder gesagt, er wolle Missionar werden. Der Teufel hat das offensichtlich nicht überhört und ihn dazu gebracht, heute tatsächlich zu missionieren, leider für die falsche Seite. Früher haben wir fast alles zusammen gemacht, heute haben wir kaum noch eine gemeinsame Gesprächsbasis, weil unsere Lebensstile unterschiedlicher nicht sein könnten. Er ist stur *gegen* Gott, ich bin stur *für* Gott.

Machen wir uns nichts vor: Wir befinden uns alle im Krieg – ob es uns bewusst ist oder nicht. Jeder, der sich für ein Leben mit Jesus entschieden hat, muss damit rechnen, binnen kürzester Zeit unter Beschuss genommen zu werden. Man sieht das immer wieder in Jugendgruppen oder nach Evangelisationen. Leute bekehren sich, bitten Gott um Vergebung ihrer Sünden und wollen

> Wir befinden uns alle im Krieg – ob es uns bewusst ist oder nicht.

ein neues Leben mit Jesus starten. Sie sind oft überglücklich, der Ballast der Sünde fällt von ihnen ab und sie besuchen mit großer Begeisterung die Jugendstunde und die Gottesdienste ihrer Gemeinde. Dann, Wochen später, tauchen sie regelrecht ab. Wie kann das sein?

Die unsichtbare Welt registriert jede Bewegung auf dem Schlachtfeld. Wenn der Satan jemanden an Jesus verloren hat, gibt er ihn nicht einfach so kampflos auf. Im Gegenteil, er schickt seine Elitetruppe zu ihm, um Zweifel zu säen, den Menschen in seinem alten Lebensstil gefangen zu halten und ihn unter allen Umständen von anderen Christen und der Bibel fernzuhalten.

Auch wenn du schon länger Christ bist, können diese Einflüsse in deinem Leben noch sehr stark sein. Es ist erstaunlich, wie wenige junge Christen regelmäßig die Bibel lesen, und wie viele meinen, sie bräuchten sich keiner Gemeinde anzuschließen. Das ist grob fahrlässig, denn – man kann es nicht oft genug sagen: Es herrscht Krieg!

Es gibt eine heilige Armee und eine unheilige, dazwischen ist nichts. Gott sagt in der Bibel klipp und klar, dass es nur zwei Seiten gibt, und jeder gehört zu einer von beiden. Raushalten kann sich niemand. Von Geburt an sind wir alle auf der Seite des Teufels, wir werden in die unheilige Armee hineingeboren. Und das Siegel, das uns von klein auf dem Teufel zuordnet, heißt Sünde. Wenn du in einer christlichen Familie aufgewachsen bist, meinst du vielleicht, „schon immer" Christ gewesen zu sein, aber das ist ein gefährlicher Trugschluss. Auch wenn deine Eltern überzeugte Christen sind und viel für dich gebetet haben – du bist von klein auf in der Armee der Finsternis.

Das ändert sich erst dann, wenn du selbst, aus freien Stücken, die Entscheidung triffst, zu Jesus zu kommen und dich von ihm retten zu lassen. Der fromme Begriff dafür heißt „sich bekehren". Man kehrt der Armee des Teufels den Rücken und tritt in die Armee Gottes unter Jesus als neuem Herrn und Oberbefehlshaber ein. Wenn du die Armee der Finsternis und der Sünde verlässt, zerbricht Gott das alte Siegel und du wirst mit dem Heiligen Geist neu versiegelt. Er ist die Garantie dafür, dass du gerettet bist und in den Himmel kommst, und er ist die Kraftquelle der heiligen Armee Gottes.

Der unsichtbare Krieg ist ein Krieg auf Leben und Tod. Auf ewiges Leben und ewigen Tod. Wenn ein Mensch stirbt, kommt er an den Ort, an dem sein Herr auf ihn wartet. War zu seinen Lebzeiten auf Erden der Teufel sein Oberbefehlshaber und hat er daran bis zuletzt festgehalten, dann wird er von nun an für immer an dem Ort sein, wo der Teufel ist: in der Hölle. Und entgegen der Über-zeugung mancher wird dort kein Rockkonzert stattfinden, keine endlose Party mit nackten Frauen steigen und der Satan ist auch keine Witzfigur mit lustigen Hörnern. Die Hölle ist ein real existierender Ort (Lukas 16,26–28). Ein Ort der Qualen und entsetzlicher Finsternis. Wer an diesen Ort gelangt, bleibt dort für immer.

Die moderne Christenheit hat sich meiner Meinung nach verleiten lassen, die größte Berufung der Menschheit weichzuspülen. Die Berufung, in den geistlichen Kampf einzusteigen und alles zu geben, damit so wenig Menschen wie irgend möglich an diesen Ort kommen. Wir reden von Rettung und Erlösung, aber nicht konkret davon, *wovor* man eigentlich gerettet werden muss. Wir predigen, die Menschen sollten doch umkehren, aber verschweigen oft, was passiert, wenn sie es bis zuletzt nicht tun. Wir singen Lieder, die suggerieren, dass Gottes Gnade niemals aufhört, doch das ist nicht ganz korrekt. Seine Gnade ist zwar ewig im Sinne von „unendlich groß", aber sie ist zunächst einmal zeitlich begrenzt, und zwar auf die Lebenszeit jedes Menschen. Wenn ein Mensch die Gnade Gottes annimmt und in seine Armee übertritt, dann bleibt die Gnade auch für immer. Wenn er das nicht tut, läuft sie mit seinem letzten Atemzug aus. Die Sanduhr der Gnade wird danach nicht umgedreht. Dann schlägt die Stunde des Gerichts, und das Urteil lautet: Gottesferne, ein Platz im Feuer der Hölle. Das ist die unbequemste und herzzerreißendste Wahrheit, die es überhaupt nur geben kann.

Wir würden alle gerne an einen Gott glauben, der jeden Menschen, egal, wie er gelebt hat, freundlich in den Himmel durchwinkt, aber das tut er nicht.

Es wird ein Gericht geben, und das Urteil lautet entweder: „mit Jesus begnadigt" oder: „ohne ihn verurteilt".

Die Hölle existiert wirklich, sie ist ein realer Ort mit realen Schmerzen und realen Menschen. Es herrscht ein Kampf um das ewige Leben oder den ewigen Tod (ein Bild für die Hölle).

Was hat das jetzt alles mit dir und deiner Jugendzeit zu tun? Gott hat zwei Angebote für dich. Er will dich zunächst von dämonischen Einflüssen in deinem Leben befreien und er ruft dich in seine heilige Arme zu den Waffen.

Der Feind
in der eigenen Brust

Der Feind nimmt keine Rücksicht. Er ist ein Dieb und ein Lügner, deshalb wäre es unverantwortlich, diesbezüglich einen auf „schön Wetter" zu machen (Johannes 10,10). Wir müssen der Wahrheit ins Auge sehen: Es gibt Dämonen und teuflische Einflüsse, die sich auf Christen stürzen – und sie machen dabei vor Jugendlichen nicht Halt. Viele Jugendliche brauchen Befreiung von dämonischen Belastungen. Aus Angst, anderen Angst zu machen, verschweigen wir diese Dinge gerne und fügen damit Gottes Armee erhebliche Wunden zu.

Damit du das richtig verstehst: Ich sage nicht, dass jeder einen Dämon in sich trägt, jedes Problem oder jede Krankheit dämonischen Ursprung hat oder man hinter allem den Teufel sehen sollte. Trotzdem gibt es eine reale Gefahr von einer dämonischen Belastung. Der Feind ist nicht zu unterschätzen. In der Bibel finden wir öfter das Wort „besessen", doch der Begriff vermittelt einen falschen Eindruck. Ja, der Satan kann sehr starken Einfluss und verheerende Auswirkungen auf einen Menschen haben, aber der Betroffene ist nicht im Besitz des Teufels. Er verliert nie seine eigene Persönlichkeit, auch wenn diese stark von einem Dämon unterdrückt werden kann (vgl. Lukas 8,26–39).

Eine dämonische Belastung kann unterschiedlich aussehen. Man hat bei diesem Stichwort oft das Bild von einem total Verrückten vor Augen oder von jemandem, der Schaum vor dem Mund hat. Doch oft genug merkt man den Betroffenen nicht auf Anhieb an, was in ihnen los ist. Oberflächlich scheint alles in Ordnung zu sein. Eine dämonische Belastung kann sich aber durch eine starke Abhängigkeit, ein zwanghaftes und zugleich gehasstes Verhalten oder durch starke Abneigung gegen Gott (Rebellion) äußern. Des Weiteren kann sie der wahre Grund für eine Krankheit oder eine böswillige Emotion (Jähzorn, Hass, Rebellion gegen Eltern) sein. Außerdem können anhaltende Ängste dämonischen Ursprung haben.

Es gibt zwei verkehrte Haltungen in dieser Sache: Entweder man schiebt alles, was nicht so läuft, wie man es für richtig hält, einem Dämon in die Schuhe und sieht gleichzeitig den Betroffenen (womöglich sich selbst) in einer Opferposition, oder man verharmlost alles, indem man versucht, es natürlich zu erklären. Doch schauen wir auf Jesus. Was hat er gemacht? Er hat Dämonen ausgetrieben, und er hat seine Nachfolger aufgefordert, dies ebenfalls zu tun (Matthäus 10,8).

Die Gefahr ist real, Jesus hat keine Unterhaltungsshow abgezogen, und er wusste sehr genau, dass nicht jede Krankheit eine körperliche Ursache hat, dass aber auch nicht hinter jeder Krankheit ein Dämon steckt. Er heilte und trieb böse Geister aus, aber er sagte bei Weitem nicht zu jedem Kranken oder Niedergedrückten, er sei besessen.

Muss man Angst vor dieser Thematik haben? – Nein, denn Jesus ist nach wie vor der mächtige Befreier. Wenn er ein Wort der Befreiung spricht, weicht der Feind.

Kann ein echter Christ dämonisch belastet sein? – Ein Dämon kann einen wiedergeborenen Christen nicht komplett unter Kontrolle bringen, aber er kann einzelne Lebensbereiche beschlagnahmen. Er kann zum Beispiel durch Pornografie-Abhängigkeit in einem Christen aktiv sein und im Bereich der unmoralischen Sexualität sein Unwesen treiben. Die Bibel beschreibt die Handlanger des Teufels oft als „unreine Geister". Zwanghafte sexuelle Unreinheit kann durch einen unreinen Geist verursacht sein. Dieser treibt den Betroffenen dazu, zwanghaft etwas zu tun, was er eigentlich als Sünde erkannt hat und unterlassen möchte.

Ja, Christen haben den Heiligen Geist in sich, aber gleichzeitig können der Teufel und seine Schergen noch Angriffe starten und

Jesus ist nach wie vor der mächtige Befreier.

Einfluss nehmen, wenn wir es zulassen. Das Heer der bösen Geister kämpft erbittert gegen Gott und seine Armee und es zieht nicht freiwillig und automatisch mit der Bekehrung eines Menschen ab.

Wie gewährt man Dämonen Eintritt in sein Leben? – Ein Eintrittstor ist vor allem, wenn man selbst okkulte Praktiken und Spiele ausübt: Wenn du Horoskope liest, bei einer Geisterbefragung (Ouija-Brett) mitmachst oder dir an Halloween bei einer Party „zum Spaß" aus der Hand lesen lässt. Man kann sich aber auch etwas „einfangen" durch ein starkes Interesse an mystischen, dunklen Dingen (Ufos, Geistererscheinungen etc.), indem man entsprechende Bücher liest oder diesbezüglich ausgiebig im Internet recherchiert. Kurz: Wenn du dem Feind signalisierst: „Ich interessiere mich für dich, gib mir Information, gib mir neue Erkenntnisse, zeig mir was von dir!", dann reagiert er auf deine Anfrage.

Gott warnt uns in seinem Wort vor jeder Zauberei, Totenbeschwörung und vor okkulten Dingen. Von alldem sollen wir uns um jeden Preis fernhalten. Er hasst es, und der Spaß oder die Neugier werden schnell zu einem gefährlichen, realen Erlebnis.

In der Jugendzeit glauben sehr viele, das wäre alles harmlos, eine unheimlich aufregende Sache oder nur eine abgedrehte Lehre aus dem finsteren Mittelalter. Doch vergiss nicht: Wir sind im Krieg und die unsichtbaren Mächte des Satans schlafen nicht. Der christliche Glaube war schon immer auch etwas Übernatürliches und er hatte schon immer einen übernatürlichen Feind. Wir kämpfen nie gegen Menschen; auch wenn Menschen uns anfeinden, der wahre Gegner ist unsichtbar.

Ein weiterer großer Haupteingang für Dämonen ist fehlende Vergebungsbereitschaft. Wenn du nicht bereit bist zu vergeben, dann kommen mit der Zeit die Folterknechte. Sie sind ein Sinnbild für Dämonen und sie können einen regelrecht quälen (vgl. Matthäus 18,21–35). Wenn du nicht vergibst, machst du dem Feind die Tür auf und er lässt sich nicht zweimal bitten.

Was man noch wissen muss, ist, dass ein Dämon, der sich zum Beispiel in der Gedankenwelt oder einem zwanghaften, gotteslästerlichen Verhalten eingenistet hat, dort nicht einfach so rauskommt. Jesus hat nicht zum Scherz Dämonen ausgetrieben. Und er hat auch nicht umsonst gesagt, dass wir das ebenso tun sollen. Jesus möchte dich befreien, falls du unter einem dämonischen Einfluss stehst.

Dazu ist erschienen der Sohn Gottes, dass er die Werke des Teufels zerstöre.
1. Johannes 3,8

Ich möchte wiederholen, dass ein junges Leben sehr umkämpft ist, und viele Einflüsse versuchen, uns zu manipulieren und von Gott wegzubringen.

Befreiung erfahren

Jesus ist auf die Erde gekommen, um uns von allen schädlichen Dingen zu befreien. Wir sind zur Freiheit berufen, bereits hier auf der Erde.

Er möchte, dass du nur noch unter dem guten Einfluss des Heiligen Geistes lebst und seine Liebe jede Angst vertreibt. Wenn du dich ein Kind Gottes nennen kannst, dann darfst du für dich in Anspruch nehmen, was Jesus verheißen hat:

Wenn nun der Sohn euch frei machen wird, so werdet ihr wirklich frei sein.
Johannes 8,36

Wenn wir allerdings selbst noch an dämonischen Bindungen festhalten, indem wir uns weiter mit diesen Dingen beschäftigen, können wir uns nicht frei fühlen. Trenn dich also von allen dämonischen Einflüssen, falls das nötig ist, und nimm die Freiheit in Jesus für dich an. Bitte ihn jetzt, dir zu zeigen, ob es in deinem Leben etwas Dämonisches gibt. Du kannst z. B. Folgendes beten:

Jesus, zeig mir ganz klar auf, ob und wo ich in meinem Leben Tür und Tor für den Einfluss des Teufels geöffnet habe. Zeig mir, was das mit mir gemacht hat, und hilf mir bitte, mich davon zu lösen.

Wenn du das ernsthaft betest, wird der Heilige Geist dir zeigen, ob es eine dämonische Belastung bei dir gibt, wie diese zustande kam und wie du sie wieder loswirst.

Nimm das Thema ernst! Im Krieg wird scharf geschossen. Und auch wenn du dich nicht verwundet fühlst, ist es ratsam, auf Nummer sicher zu gehen. Noch mal: Natürlich hat nicht jedes Problem, jede Krankheit oder jede ungute Gewohnheit einen dämonischen Ursprung. Wenn du Angst vor Spinnen hast, weil du sie ekelig findest, hat das mit Dämonen nichts zu tun, und wenn du mal einen Horrorfilm gesehen hast, hast du nicht zwangsläufig einen Geist mit nach Hause genommen. Also bitte nicht in Panik verfallen. Der Heilige Geist wird dir zeigen, ob dich das Thema betrifft und was dann genau zu tun ist.

Wenn du das Gefühl hast, bei dir treibt sich etwas Dämonisches umher, dann brauchst du keine Angst zu haben und dich auch nicht zu schämen.

Du bist kein „Besessener", der seine Persönlichkeit verloren hätte. Aber du kannst unter einem schädlichen Einfluss stehen, der das Zeichen des Teufels trägt: Zerstörung, Qual, Tod.

Es ist hilfreich, mit jemandem darüber zu sprechen, der sich auskennt. Man kann einfach fragen, was ein erfahrener Christ zu diesem Verhalten oder jener Angst etc. meint. Leider nehmen viele Gemeinden die Thematik nicht ernst (genug). Wir lassen die Leute einfach verwundet am Schlachtfeldrand liegen oder werfen sie sogar aus den Gotteshäusern raus mit dem „gut gemeinten Rat", sich an eine Psychiatrie zu wenden.

Auch wenn es nicht gleich einen kompetenten Ansprechpartner zu geben scheint: Der Heilige Geist wird dir jemanden zeigen, mit dem du ganz offen reden kannst.

Jesus hat alle Macht über den Feind, und er will nicht, dass du unter der Feindeshand leidest. Wende dich an Jesus, er macht dein Leben hell und vertreibt alle Angst.

Sei wirklich konsequent und trenn dich von allem Okkultem und gewähre dem Feind keinen Eintritt mehr. Wenn du Bücher über Weiße Magie, die Kraft des positiven Denkens oder Esoterik gelesen hast, trenn dich von ihnen – am besten

> Jesus hat alle Macht über den Feind, und er will nicht, dass du unter der Feindeshand leidest.

zerstörst du sie gleich! Lass deinen Blick mal durch dein Zimmer wandern und bete dabei: „Herr, zeig mir durch deinen Heiligen Geist, was dämonischen Ursprung hat und wovon ich mich entschieden trennen muss." Dann sei radikal und lass den Feind an deiner Trennung von allem Dämonischen erkennen, dass er im Namen Jesu nichts mehr bei dir zu melden hat.

Schließlich: Fülle deine Gedanken mit dem Wort Gottes (Es wird in Epheser 6,17 auch als das „Schwert des Geistes" bezeichnet.). Es ist die Waffe des Heiligen Geistes, die gleichzeitig auch unserem Schutz dient. Besuche regelmäßig eine bibeltreue Gemeinde und halte dich eng an Jesus. Wer in einer engen Beziehung mit Jesus lebt, an den kommt kein Dämon, kein Feind, keine Dunkelheit heran. Er ist so voller herrlicher Macht, so voller Autorität, dass du bei ihm absolut sicher bist.

Ich möchte dich ermutigen, Jesu Befreiung für dich in Anspruch zu nehmen. Wir befinden uns im Krieg, und da kommt es auch schon mal zu einer Verwundung. Wenn du im Gefecht vom Feind attackiert wurdest, wende dich mutig an den Sohn Gottes. Nimm die Befreiung durch Jesus für dich an und dann folge Gottes Ruf zu den Waffen. Ermutigung dazu findest du auch in 2. Korinther 10,5:

... denn die Waffen unseres Kampfes sind nicht fleischlich, sondern mächtig für Gott zur Zerstörung von Festungen; so zerstören wir überspitzte Gedankengebäude und jede Höhe, die sich gegen die Erkenntnis Gottes erhebt, und nehmen jeden Gedanken gefangen unter den Gehorsam Christi.

Gott ruft dich zu den Waffen

Gott möchte dich nicht nur vollständig befreien und dich in Freiheit leben sehen; er will mehr: dass du gefährlich wirst für den Feind. Für dich steht eine Waffenrüstung bereit und für dich ist ein Platz in seiner heiligen Armee reserviert. Beides kann von niemandem ausgefüllt werden außer von dir. Entweder füllst den für dich reservierten Platz in der heiligen Armee Gottes aus oder niemand wird ihn ausfüllen. Gott rechnet mit dir. In seiner heiligen Armee kämpft natürlich auch ein übernatürliches, gewaltiges Heer von Engeln, doch er zählt auf seine Menschen.

Seinen wichtigsten Auftrag, Menschen mit Jesus bekannt zu machen, hat er seiner menschlichen Armee übertragen. Neben einer individuellen

Die Hölle ist bereits voll genug, und jeder Verlust an sie ist eine unendliche Tragödie. Berufung haben alle Christen eine gemeinsame: dem Feind unter Gottes Banner entgegenzutreten. Die Hölle ist bereits voll genug, und jeder Verlust an sie ist eine unendliche Tragödie. Kein Mensch sollte oder müsste in die Hölle gehen, und doch sagt Jesus, dass es viele sind, die den „Highway to Hell" ins Verderben gehen. Deshalb hat jeder in Gottes Armee einen Befehl auszuführen. Wir kennen ihn als den „Missionsbefehl". Wenn ich mich so umschaue, habe ich oft den Eindruck, die Christen hätten sich verlesen und aus einem Befehl Gottes an seine Armee eine Option gemacht: „Wenn du Lust hast und es dir nichts ausmacht, dann könntest du versuchen, ein paar Menschen vor der Hölle zu warnen, aber überanstreng dich nicht. Wenn es dir zu unbequem ist – kein Problem, es ist nur eine Option."

Gott hat einen Befehl erteilt, keine Bitte:

Dann sagte er zu ihnen: „Geht in die ganze Welt und verkündet allen Menschen die gute Botschaft." Markus 16,15; NeÜ

Wir befinden uns im Krieg, und es geht um echte Menschen, die ohne Jesus am Ende ihres irdischen Lebens in eine echte Hölle geworfen werden. Die

Seele eines Menschen, also das, was ihn ausmacht, ist unsterblich. Im Leben geht es um alles oder nichts, und wir können es uns nicht mehr leisten, Gottes Befehle zu ignorieren und unsere Jugendzeit nur dem Spaß und der Unterhaltung opfern. Gott ruft eine junge, schlagkräftige Armee zusammen.

Gott will dich in sein Rettungswerk mit einbeziehen. Es gibt einen Plan und eine Aufgabe für dich. Es gibt Menschen, für die du kämpfen sollst. In Ihnen lässt sich Gottes Befehl in deinem Leben ganz praktisch umsetzten. Nicht jeder muss Missionar in Afrika werden. Die Welt fängt schon vor der eigenen Haustür an. Den einen ruft Gott ins Ausland, den anderen gebraucht er „zu Hause" – und auch das nicht unbedingt dadurch, dass er Prediger wird, sondern meistens sogar in einem „ganz normalen" Beruf. In Gottes Armee hat jeder einen individuellen Kampfposten. Doch zu deiner persönlichen Berufung kommen wir später noch.

„Habe ich das Beste aus meinem Leben gemacht?"

Eines Abends fuhr ich mit meinem Auto auf einen Hügel, von dem aus man eine schöne Aussicht über meine Heimat hat. Ich ging ein paar Meter bis zu einer Holzbank und wollte ein wenig mit Gott plaudern. Ich hatte mal wieder Gesprächsbedarf in Sachen nicht vorhandene Freundin, doch ich merkte irgendwann, dass Gott mit mir über etwas anderes reden wollte. Ich fragte ihn schließlich, was er eigentlich sagen wollte, und bekam direkt eine Antwort: „Rette meine Kinder!"

Ich war verwirrt und mein Blick richtete sich gen Himmel. Was wollte Gott mir damit sagen? Die Aufforderung machte doch gar keinen Sinn. Gottes Kinder müssen doch nicht mehr gerettet werden, sie sind doch bereits vor der Hölle gerettet, sonst wären es gar nicht seine Kinder. Ich sagte Gott in der folgenden Zeit immer wieder: „Erklär mir das. Ich versteh das nicht – vor was müssen deine Kinder gerettet werden?" Schließlich hatte Jesus das Erlösungswerk schon vollbracht.

Heute verstehe ich es, weil der Heilige Geistes es mir offenbart hat: Wir müssen gerettet werden vor unserer Gleichgültigkeit und vor einem ungehorsamen Herzen. Die halbe Armee Gottes befindet sich im Tiefschlaf oder hat sich das Recht herausgenommen, die Waffen niederzulegen und einen auf gut Freund mit dem Feind und seinen Verlockungen zu machen. Wenn wir das

Partymachen und alle Vorzüge eines guten Lebens mehr lieben als Jesus, dann liebäugeln wir mit den Versuchungen des Feindes. Gott ist darüber sehr enttäuscht und verärgert. Es geht um seine geliebten Menschen, die er alle retten möchte, damit sie für immer bei ihm sein können und nicht für immer in der Hölle gequält werden, und weite Teile seiner Arme interessiert das nicht. Viele schauen tatenlos zu, wie der Teufel ungehindert Menschen verführt und das Leben vieler bereits auf Erden zur Hölle macht. Das ist eine Tragödie.

Wir haben an vielen Orten und in so manchen Lebensbereichen den Rückzug vor dem Feind angetreten, weil wir mehr Wert darauf legen, Menschen zu gefallen als Gott. Wir wollen nicht groß auffallen oder gar anecken. Wir haben Angst, unsere Freunde könnten uns nicht mehr mögen, wenn wir ihnen sagen, dass ihr Lebensstil gottlos ist und sie einen Erlöser brauchen: Jesus Christus. Die Klassenkameraden könnten anfangen, uns zu mobben.

Wir haben viel von dem, was Jesus gesagt hat, einfach weichgespült – so lange, bis fast keiner mehr Anstoß an den netten Christen genommen hat. Wir meinen, heute doch nicht mehr von Hölle und Teufel reden zu können, und haben die überlebensnotwendige Rettung kleingemacht. Aus Hölle wurde „Ewigkeit ohne Gott". Wen interessiert das, der sowieso nichts von Gott wissen will? Wo soll da eine Gefahr für ihn sein, wenn er höchstens eine Ewigkeit ohne einen Gott leben muss, an den er sowieso nicht glaubt? Aus „Siehe, ich komme bald" wurde gar nichts. Viele leben so, als würde Jesus noch lange nicht kommen, doch ich würde keine Wette abschließen, dass ich auf jeden Fall noch Rentner werde, bevor Jesus wiederkommt. Aus „Geht hin und verkündet" wurde: „Ich versuche, anständig zu leben, und wenn mich jemand fragt, sag ich ihm vielleicht, wenn ich mich traue, dass ich an Gott glaube."

Gott hat uns einen Befehl erteilt, und der lässt keine Passivität zu. Wir sind nicht aufgefordert, die Stellung zu halten; wir sollen die Welt erobern, jeder an dem Platz, an den Gott ihn hinstellt. Gottes Armee agiert global, er hat seine Truppen im Aus- und im Inland. Er verteilt Aufträge nach Gaben und Berufung und er hat uns alle Macht gegeben über die Gewalt des Feindes (Lukas 10,19). Er ruft auch dich heute zu den Waffen, um gegen die unsichtbaren Mächte des Satans zu kämpfen und Menschen in deinem Umfeld in Jesu Namen aus seiner Gewalt zu befreien.

Der Soldat James Ryan ist ein Film, in dem es um Rettung geht. Er handelt von der Landung der Alliierten in der Normandie und einer speziellen Mission. Acht Männer bekommen den Befehl, einen Soldaten zu retten, der sich hinter den feindlichen deutschen Linien befinden soll. Seine drei Brüder sind kurz zuvor gefallen, und man hat seiner Mutter versprochen, ihren letzten noch lebenden Sohn zu retten. Also machen sich die acht Soldaten auf den Weg in gefährliches Feindesgebiet und setzten ihr Leben aufs Spiel, um einen Einzigen zu retten – oder um es zumindest zu versuchen. Der Name des jungen Mannes ist James Ryan.

Das kleine Spezialkommando schafft es, den Soldaten ausfindig zu machen, doch bei dem Versuch, ihn zu retten, lassen einige ihr Leben. Sie hatten einen Befehl, und den führten sie aus. Sie gingen zum Angriff über, und dabei stirbt nun ihr Anführer im Kugelhagel. James Ryan wird gerettet.

Am Ende des Films steht dieser Soldat, für den andere mit ihrem Leben bezahlt haben, an einem Massenfriedhof vor einem der unzähligen kleinen weißen Kreuze. Es ist das Grab des Mannes, der das Kommando bei der Befreiungsmission hatte. Der gerettete Soldat James Ryan ist mittlerweile alt, voller Falten, und hinter ihm stehen seine Frau, seine Kinder und Enkel. Er geht langsam an das Grab. Dann kniet er nieder und erweist dem Mann Ehre, der für seine Rettung verantwortlich war. Und ihn plagt eine Frage: *Habe ich das Beste aus meinem Leben gemacht?*

Habe ich das Beste aus meinem Leben gemacht?

Wenn du zu Gott gehörst, warst du selbst mal dieser Soldat. Du stecktest bis zum Hals in Sünde und deren hässlichen Folgen und warst auf der falschen Seite. Doch Gott hat Jesus geschickt, um dich zu retten – vor der Hölle, vor einem bedeutungslosen Leben und vor dem Teufel. Jesus starb bei der Befreiungsaktion. Doch das war nicht das Ende, sondern der Triumph, denn er stand von den Toten auf und lebt nun als herrlicher König für alle Ewigkeit. Er hat den Feind und den Tod besiegt. Niemand *muss* mehr in die Hölle, niemand *muss* mehr verloren gehen.

Wir müssen aufwachen und den Dienst in der heiligen Armee Gottes mit Herzblut antreten. Denn es gibt noch viele James Ryans, die gerettet werden sollen, und wir müssten eigentlich voller Leidenschaft für Gottes Auftrag eintreten, allein schon deshalb, weil wir selbst mal jener Soldat waren. Für Gott ist jeder es wert, gerettet zu werden. Wie kann es da sein, dass wir mit größter Gleichgültigkeit unser Dasein fristen, als ginge es im Leben nur darum, möglichst gut durchzukommen und viel Spaß zu haben, bis Jesus uns im Himmel begrüßt? Wir befinden uns im Krieg, und der Satan freut sich im wahrsten Sinne des Wortes höllisch über jeden, der seinen Platz in Gottes heiliger Armee nicht einnimmt.

Die Waffe des Gebets

Wir kämpfen nie *gegen* Menschen, sondern immer *um* Menschen. Vielleicht wird man von Menschen angefeindet, aber dahinter steckt im Grunde der Feind, der alles, was mit Jesus wirklich verbunden ist, abgrundtief hasst und zerstören will. Die Hauptwaffe der heiligen Armee besteht darin zu beten. Gebet aktiviert die Kraft Gottes und wirkt immer in der unsichtbaren Welt. Gebetskämpfer sind das Rückgrat der Armee – unerlässlich und unbezahlbar.

Wie wichtig das Gebet für den Kampf in der unsichtbaren Realität ist, zeigt auch folgende eindrückliche Bibelstelle aus dem Buch Daniel. Daniel empfing eine Vision, verstand sie aber nicht. Darüber war er sehr betrübt, und er betete, dass Gott sie ihm erklären möge. Dann erschien Daniel ein Engel, der ihm das Geheimnis offenbarte und dabei eine tiefe Einsicht in den unsichtbaren Krieg gab:

„Daniel", sagte er zu mir, „du bist hoch geschätzt bei Gott. Steh auf und höre, was ich dir zu sagen habe! Gott hat mich zu dir geschickt." Zitternd richtete ich mich auf. „Hab keine Angst, Daniel!", sagte er zu mir. „Denn vom ersten Tag an, als du dich vor deinem Gott beugtest, um seinen Plan zu verstehen, hat er

dein Gebet erhört. Und wegen deiner Worte bin ich gekommen. Aber der Engelfürst von Persien hat sich mir 21 Tage lang entgegengestellt. Da kam Michael, einer der höchsten Engelfürsten, mir zu Hilfe, sodass ich beim Kampf um Persien entbehrlich wurde.
Daniel 10,11–13

Gebet aktiviert die Kraft Gottes und wirkt immer in der unsichtbaren Welt.

Hier wird von Engelfürsten berichtet. Von Gottes Engeln und den Engeln Satans. Beide kämpften um ein Territorium, um Persien. Und der Engel Gottes brauchte Verstärkung von dem Erzengel Michael, um zu Daniel durchzubrechen. Es gab dämonischen Widerstand.

Heute ist es nicht anders. Der Teufel setzt alles daran, die heilige Armee zum Schweigen zu bringen. Er weiß: Wenn wir beharrlich beten, verliert er Boden, verliert er Menschen. Wir müssen wieder vereint beten, nicht nur für die Verlorenen, sondern auch für die Christen, denn der Kampf tobt auf jeder Ebene: in den Familien, Ehen, Schulen, in der Gemeinde, in den Gedanken, in der Gesellschaft – überall.

In 1. Thessalonicher 5,17 heißt es: „Betet ohne Unterlass!" Was bedeutet eigentlich „ohne Unterlass"? Hier ist die Definition, die der Duden liefert: „Ohne Pause, ununterbrochen, ohne Ende."

Ich höre dich schon sagen: „Das kann nicht sein – ohne Pause beten. Wie soll das denn funktionieren? Die Bibelstelle muss man einfach anders verstehen."

Nein, muss man nicht. Da steht: „Betet ohne Unterlass!" Oder wie es die NeÜ übersetzt: „Hört niemals auf zu beten!"

Beten bedeutet reden mit Gott. Gott fordert uns also auf: Halte permanent den Kontakt zu mir. Rede die ganze Zeit mit mir, nicht erst, wenn du Probleme hast. Wenn du dich freust, will ich das wissen. Wenn du dich über etwas aufregst, will ich wissen, warum. Wenn du mit deiner besten Freundin telefonierst, sollst du gleichzeitig die Leitung zu mir aufrechterhalten. Wenn du im Freibad bist und Spaß hast, kannst du mich in deinen Gedanken mitnehmen.

Auch wenn Gott alles weiß und überall ist, will er doch den engen Kontakt zu und die Kommunikation mit seinen Kindern. Er möchte eingeladen werden, mitreden, mitlachen, mitweinen, er will unser Leben sein. Er will unser Leben nicht akribisch überwachen und ausspionieren, sondern uns beschenken und uns helfen. Ohne Unterlass zu beten bedeutet, Gott in jeden Lebensbereich mitzunehmen. Es gibt kein „Zutritt für Gott verboten"-Schild mehr. Wir können mit Worten laut oder leise beten oder auch nur in Gedanken.

Wir denken einfach überall und in jeder Situation an ihn und fragen ihn nach seiner Meinung und um seinen Rat. Wir hören nicht auf, Gott zu suchen, und wir hören nicht auf, ihn zu finden. Denn wenn wir ihn permanent suchen, werden wir ihn immer mehr finden. Wenn du das mal erlebst, willst du überhaupt nichts anderes mehr. Aber das wirst du so nie erleben, wenn du nicht irgendwann mal anfängst, ohne Unterlass zu beten.

Es ist hilfreich, etwas zu haben, das dich an Gott und an das Beten erinnert. Es gibt unter anderem folgende Möglichkeiten:

» Man kann sich einen Taschenwecker mit Vibrationsalarm kaufen. Den kannst du dann z. B. auf alle zehn Minuten einstellen und überall mit hinnehmen. Vibriert der Wecker, betest du kurz und dankst Gott, bittest ihn um Rat oder betest für einen Menschen aus deinem Umfeld. Netter Nebeneffekt: Falls das jemand in deiner Nähe mitbekommst, kannst du direkt von Jesus erzählen.

» Ein Armband mit den Buchstaben P.U.S.H. – Diese Bänder waren mal voll trendy. Dummerweise sind sie es jetzt nicht mehr, aber sie können dir eine gute Unterstützung sein. Die Buchstaben P.U.S.H. stehen für „Pray Until

Something Happens" („Bete so lange, bis etwas passiert"). Besorg dir am besten so ein Teil, und bete, was das Zeug hält!

Wenn du den Kontakt zu Gott hältst, egal, wo du bist, und egal, wie es dir geht, wird das dein Leben auf den Kopf stellen. Wenn du dann auch noch anfängst zu tun, was er dir sagt, wirst du am Ende total begeistert sein. Wag es 100 Tage lang, und bete ohne Unterlass, auch wenn es am Anfang anstrengend ist und der Wecker dir manchmal auf den Wecker geht.

Wenn es also etwas Konkretes gibt, wozu ich dich auffordern möchte, dann dazu, anhaltend zu beten. Das ist die entscheidende Waffe, und durch sie findest du auch deinen persönlichen Platz in der Armee, deine eigene Front. Wenn du deinen Platz in der Schlachtreihe noch nicht eingenommen hast, du merkst, dass du bislang voller Gleichgültigkeit warst, weil du nur von einem Tag auf den nächsten gelebt hast und deine Jugendzeit auskosten wolltest, dann bete um ein neues brennendes Herz für die Verlorenen. Wenn du nicht weißt, wie oder wo du genau kämpfen sollst, dann bete. Wenn du ein bestimmtes

> Wenn du den Kontakt zu Gott hältst, egal, wo du bist, und egal, wie es dir geht, wird das dein Leben auf den Kopf stellen.

Territorium für Gott erobern sollst, dann zieh unter anhaltendem Gebet in die Schlacht.

Wenn wir aufhören zu beten, verlieren wir an Boden. Fang an zu beten für eine Erweckung in unserem Land, und hör nicht auf, bis du sie mit eigenen Augen siehst. Du kannst auch einen Gebetskreis unter diesem Anliegen gründen oder regelmäßig mit einem Freund beten. Aber gib unter keinen Umständen das Gebet auf! Mach dir eine Gebetsliste, und fang an, jeden Tag für fünf Menschen zu beten, die noch auf der falschen Seite kämpfen und auf dem Weg in die Hölle sind. Ringe besonders um deine Freunde und um Menschen, die du liebst. Du bist der beste Freund, den man sich vorstellen kann, wenn du anhaltend für deine Freunde betest. Die Waffe des Gebets bewegt Gottes starken Arm, der rettet, heilt, wiederherstellt, befreit und Leben spendet. Ohne Gott können wir nichts tun, mit ihm alles.

Hör niemals auf zu beten, aber sei dir bewusst, dass der Feind versuchen wird, das zu stoppen! Er wird dir einreden, dass du selbst genug Probleme hast, dass du keine Zeit hast oder dass das alles nichts bringt. Lass dich nicht auf diese Lügen ein und bete einfach weiter! Zeig dem Feind, dass du entschlossener bist als er! Gott liebt es, wenn wir

Gott liebt es, wenn wir anhaltend beten.

anhaltend beten, es lässt ihn nie kalt und er greift auf seine Weise zu seiner Zeit ein.

Es gibt einen Platz in Gottes heiliger Armee für dich, eine Bestimmung, die dich lebendiger machen wird und deinem Leben eine Bedeutung für die Ewigkeit gibt. Finde diesen Platz. Gott wird ihn dir zeigen, wenn du beharrlich betest und dich wirklich danach ausstreckst.

*

Kommen wir nun zu der Frage nach deiner persönlichen Berufung ...

Deine Geschichte
mit Gott

Wir kennen alle irgendwelche Storys von anderen Christen, die viel mit Jesus erleben. Da gibt es Missionare, die begeistert von Wundern, Heilungen und sogar von Totenauferweckungen berichten. Andere erzählen, wie sie eine Begegnung mit einem Engel hatten oder wie Gott sie in einer Notsituation auf übernatürliche Art und Weise beschützt hat. Wieder andere berichten davon, wie Gott persönlich mit ihnen gesprochen hat. Oftmals sind das Geschichten, die nicht logisch erklärt werden können und die man mit den Worten „übernatürlich" oder „Wunder" versehen würde.

Wir hören diese Geschichten und tief in uns bewegt sich etwas. Wir stoßen ein lautloses Seufzen aus und uns kommt der Gedanke: Warum kann ich eigentlich so etwas nicht erleben? Warum sind das immer nur die Geschichten von anderen, von Missionaren in Afrika, von Charismatikern, von Jesusfreaks oder von den Superfrommen aus der anderen Gemeinde?

Diese Frage, die sich wahrscheinlich die meisten schon mal gestellt haben, liefert uns einen Hinweis. Sie ist sozusagen selbst Teil der Antwort, denn in Wirklichkeit fragen wir uns das gar nicht selbst, sondern der Heilige Geist, der ins uns wohnt, fragt uns das. Er möchte uns damit Sehnsucht nach einem anderen Lebensstil machen – einem gefährlichen Christsein, das nicht länger an Vernunft und an logische Vorstellungen gebunden ist.

> Gott ist immer und überall derselbe.

Wenn dein Christsein langweilig und verkrampft ist, dann hast du noch nicht gehört, was der Heilige Geist dir gesagt hat, oder du hast Gott noch nicht gefragt, was er eigentlich mit dir vorhat.

Hast du das Gefühl, dass es noch eine ungeschriebene Geschichte gibt, nämlich deine eigene? Dann habe ich eine gute Botschaft: Gott ist immer und überall derselbe. Er, dessen Wort an uns (die Bibel) vollgepackt ist mit Geschichten über Wunder, das von A bis Z voller abgefahrener Erlebnisse, unerklärlicher Phänomene und Geschichten über das außergewöhnliche Eingreifen Gottes ist, ist derselbe gestern, heute und morgen (Hebräer 13,8).

Die biblischen Geschichten über die ersten Nachfolger Jesu, die Jünger, faszinieren uns noch heute, obwohl diese Männer schon längst tot sind. Sie erlebten Heilungen, wie Tote auferweckt wurden, sie geboten Dämonen, und diese mussten weichen.

Was du in deiner Bibel lesen kannst, sind keine Märchen und Sagen wie von den Gebrüdern Grimm. Es sind Tatsachenberichte. Und weil Gott sich nicht verändert hat (es sind höchstens wir, die sich verändern), gibt es auch heute noch eine berechtigte Sehnsucht, so wunderbare Geschichten selbst zu erleben.

Wie das passieren kann? Wie auch du mit Jesus wunderbare Dinge, Unerklärliches und Übernatürliches erleben kannst, das höher ist als unsere Vernunft? Um dir einen entscheidenden Gedankenanstoß zu geben, möchte ich dir eine Geschichte erzählen. Du kennst sie wahrscheinlich schon; es geht um Petrus und wie er auf dem Wasser lief (Matthäus 14,22–36). Eine nette, kleine Story, die viele in ihrer christlichen Laufbahn schon mehrfach gehört haben. Ich werde jetzt den Versuch unternehmen, sie dir in meinen eigenen Worten noch einmal vorzutragen:

Alles beginnt damit, dass Jesus seine Jünger drängt, ihm über einen großen See ans andere Ufer voraus- zufahren. Er selbst trennt sich währenddessen von der Menschenmasse, die ihm folgt, und klettert auf einen Berg. Mutterseelenallein besteigt er den Gipfel und spricht dort bis tief in die Nacht hinein mit sei- nem Vater. Die Sterne funkeln über ihm und im Tal kann er den großen See Genezareth sehen. Irgend- wo dort paddeln jetzt seine Jünger in ihrem kleinen Holzboot. Während Jesus mit Gott redet, zieht ein Sturm auf – kein „Stürmchen", sondern ein richtiger Sturm. Man sieht ihn als finstere Wolkendecke über dem Tal liegen. Dann wird es stockfinster und win- dig und starker Regen setzt ein.

Die Jungs haben das andere Ufer noch nicht er- reicht, als der Sturm sie mit dem strengen Gegen- wind überrascht. Dafür ist der See berüchtigt.

Die zwölf kommen vom Kurs ab, der Wind und die Wellen treiben das kleine Boot vom Ufer weg, Panik kommt auf. Sie schreien einander an, noch härter zu rudern, doch die ersten Wellen schwappen bereits ins Boot. Echte Kerle haben plötzlich echte Angst. Man kann sich vorstellen, wie Thomas, der Zweifler, anfängt, Jesus die Schuld zu geben, schließlich hat er sie aufgefordert, über den See zu fahren.

Ihre Kräfte lassen langsam nach, die Nacht ist so finster, dass sie nur noch Wellenumrisse sehen, sonst nichts – weder Mond noch Sterne und auch keinen Jesus. Doch was war das? Stell dir vor, wie Petrus ruft: „Habt ihr das gesehen? Da drüben ist ein Licht, es bewegt sich auf uns zu. Zwischen den Wellen taucht es manchmal auf!"

Alle starren in die Richtung. Nichts zu sehen. Die anderen entgegnen wahrscheinlich: „Was du immer hast! Du siehst Gespenster, ruder lieber, sonst sehen wir alle gleich das Licht der Ewigkeit!"

Dann schreit Petrus wieder: „Da ist jemand auf dem Wasser!"

Jetzt sehen die anderen es auch. Ein menschlicher Umriss mitten auf dem See. Und die gespenstische Erscheinung spricht zu ihnen: „Ich bin's."

Zwölf Jünger sterben fast vor Angst. Mit aufgerissenen Augen, die Hände fest um den Rand des Bootes geklammert, schreien sie: „Es ist ein Gespenst, ein Geist wandelt auf dem Wasser!"

Jesus versucht, sie zu beruhigen, doch sie können es nicht glauben. Er bleibt einige Meter vor dem Boot auf dem aufgewühlten Wasser stehen, seine Haare wehen gespenstisch im Wind. Ist er es wirklich? Aber das ist unmöglich.

Petrus wagt einen Blickkontakt. Er schaut dem Mann tief in die Augen und sagt: „Herr, wenn du es bist, dann befiehl mir, auf dem Wasser zu dir zu kommen!"

Thomas und Judas kreischen vor Panik: „Du hast sie nicht mehr alle, rede nicht mit dem Geist!"

Doch Petrus hat das erhabene Gefühl, das Mutigste und zugleich Beklopppteste in seinem jungen Leben gesagt zu haben.

Jesus antwortet, doch durch den starken Wind und das Tosen der Wellen, die sich am Bug des Bootes brechen, versteht keiner so richtig, was er gesagt hat.

Petrus meint, ein „Komm!" gehört zu haben, die anderen sind sich da nicht sicher, sie klammern sich immer noch vor Angst am Bootsrand fest. Die Wellen schwappen derweil immer mehr ins Boot. Alle sind durchnässt.

Was wird jetzt wohl passieren? Petrus schaltet seinen Kopf aus, und dann will er es wissen. Mit festem Blick auf Jesus setzt er den ersten Fuß über den Bootsrand.

Thomas denkt sich: Das war's, den sehen wir nie wieder. Ich hab's schon immer gewusst, seine Verrücktheiten bringen ihn irgendwann um.

Petrus hat inzwischen beide Füße auf die aufgewühlte Oberfläche des Sees gesetzt. Dann macht er den ersten richtigen Schritt auf Jesus zu, während die Wellen ihm ins Gesicht peitschen. Er läuft einfach weiter. Sein Herz rast, der Verstand geht über Bord, jeder Schritt eine Glaubensprobe. Jetzt türmt sich die nächste große Welle gegen ihn auf. Petrus wendet seinen Blick vom Licht Jesu zu den Schatten des Ungetüms. Sein Glaube sinkt schlagartig – und damit auch er selbst. Schon schwappen die Wellen über ihm zusammen. Er verschluckt Wasser, bekommt Todesangst.

Während er zu Jesus um Rettung schreit, spürt er eine Hand. Jesus zieht Petrus aus den Wellen und sagt: „Du Kleingläubiger, warum hast du gezweifelt?"

Petrus schweigt, er ist mit den Nerven am Ende. An Jesu Seite steigt er zurück ins Boot.

Nun legt sich der Sturm urplötzlich. Die Finsternis weicht auch zurück, und die Jünger sehen, dass es bereits langsam Morgen wird. Jetzt erkennen sie alle: Das war kein Geisterphänomen, keine Einbildung, das war tatsächlich Jesus in Person. Und für das, was gerade passiert ist, gibt es nur eine Erklärung: Es war ein unfassbares Wunder. Selbst Thomas wirft sich vor Jesus nieder und bekennt: „Du bist wirklich Gottes Sohn."

Was uns das Ereignis von damals noch heute lehren soll, ist, dass du dein kleines, normales Leben aufgeben musst, wenn du Jesus nachfolgen willst.

Wir alle haben die Sehnsucht, etwas Besonderes zu erleben, wir wollen auch gerne Teil einer großen Geschichte sein, aber gleichzeitig versuchen wir krampfhaft, normal zu sein. Wir wollen ja gerne ein abenteuerliches Leben mit Jesus führen, aber es darf gleichzeitig nicht risikobehaftet oder unbequem sein. Viele haben den brennenden Wunsch, Jesus in ihrem Leben endlich einmal in Aktion zu sehen, mal ein Wunder live mitzuerleben. Doch sie scheitern nicht wie Petrus mitten in der Aktion, nachdem sie bereits mutig über den Bootsrand geklettert und durch die Wellen auf Jesus zugegangen sind. Sie scheitern bereits am Anfang der Geschichte – an einer kleinen, unscheinbaren Aufforderung von Jesus:

Gleich darauf nötigte Jesus seine Jünger, ins Boot zu steigen und an das gegenüberliegende Ufer vorauszufahren.
Matthäus 14,22; NeÜ

Ist Petrus der Held in der Story? Zweifelsohne ja. Aber nicht nur er. Er hat zwar als Einziger den Schritt auf das Wasser gewagt und somit eine ganz besondere Erfahrung gemacht, aber die anderen Jünger erlebten auch eine Menge. Sie gingen nicht auf dem Wasser, sie sahen aber mit eigenen Augen, wie ihr verrückter Kumpel es tat. Sie sahen genau wie Petrus einen Jesus, der etwas Unmögliches möglich machte: Er kam nicht auf dem normalen Weg zu ihnen, er wollte

> Wir alle haben die Sehnsucht, etwas Besonderes zu erleben.

ihr eingeschränktes Denkmuster durchbrechen, deshalb kam er zwischen rauen Wellen wie ein Geist auf sie zu. Und als er schließlich mit Petrus im Schlepptau das Boot betrat, war der Sturm urplötzlich weg.

Kein Zweifel: Sie erlebten alle etwas Außergewöhnliches und Übernatürliches. Keinem von ihnen wurde es langweilig. Am nächsten Tag hatte ausnahmslos jeder von ihnen eine atemberaubende Geschichte zu erzählen.

Wenn dein Christsein öde, langweilig, nichts Besonderes ist, dann hast du nicht getan, was jeder dieser Jünger getan hat: Sie alle stiegen ins Boot ein. Jesus sagte ihnen etwas, und sie taten es. Dann machten sie eine übernatürliche Erfahrung, die ihr Leben veränderte und außerdem die Art und Weise, wie sie Lobpreis machten. Sie erlebten ein Wunder, und dann konnten sie nicht anders, als vor Jesus niederzufallen und ihn mit Leidenschaft anzubeten. Wenn deine Anbetung kein Feuer mehr hat, dann wohl deshalb, weil deine letzte atemberaubende Geschichte mit Jesus schon viel zu lange her ist.

Ich glaube, wir erleben nicht das, was wir von den Jüngern oder den ersten Christen lesen, weil wir nicht tun, was sie getan haben. Ich

> Wir erleben nicht das, was wir von den Jüngern oder den ersten Christen lesen, weil wir nicht tun, was sie getan haben.

befürchte, der Grund ist, dass wir trotz aller Sehnsucht Angst vor einem übernatürlichen Christsein haben. Anstatt Jesus beim Wort zu nehmen und ins wackelige Boot einzusteigen, laufen wir lieber unzählige ungehorsame Kilometer um den See herum in der Hoffnung, dass der sichere Weg Jesus nicht missfallen wird.

Das Boot steht bereit!

Auch heute noch steht ein Boot bereit und Jesus drängt uns durch den Heiligen Geist einzusteigen. Er legt uns eine gewisse Sehnsucht ins Herz, dann merken wir, dass es noch mehr gibt, ein ignoriertes Abenteuer. Und schließlich fordert er uns auf, in unser persönliches Boot einzusteigen.

Damit du dein Boot ausfindig machen kannst, lass uns doch einfach mal zum Hafen der Möglichkeiten gehen ...

Ruderboot 1:
Traumberuf

Beruf kommt von Berufung, und so ist es nicht verwunderlich, dass der Heilige Geist junge

Menschen durch den Wunsch, einen bestimmten Beruf auszuüben, in ihren Herzen anspricht. Für dich könnte dieser Wunsch wie ein Traumberuf daherkommen. Traumhaft, aber irgendwie auch weit weg und scheinbar unrealistisch.

Es kann gut sein, dass du einen gottgegebenen Traum in Form eines bestimmten Berufswunsches hast. Dieser Beruf mag ganz gewöhnlich sein oder aber auch sehr verrückt. Eins ist wichtig zu bedenken: Man muss nicht unbedingt Theologie studieren, um Gott in seinem Beruf zu dienen. Hauptsache, du nimmst Jesus jeden Tag mit zur Arbeit.

Ruderboot 2:
ein brennender Wunsch
für ein bestimmtes Projekt

Hast du einen brennenden, großen Wunsch, etwas Bestimmtes zu tun, ein bestimmtes Projekt zu verwirklichen? Wenn dieser Wunsch nicht einfach nur selbstzentriert ist, sondern du dafür brennst, anderen Menschen zu helfen, sie zu ermutigen, ihnen Jesus näher zu bringen, dann steht ein Boot für dich bereit.

Wenn du dir denkst: *Ja, das müsste ich jetzt wirklich mal angehen, das ist eine gute Sache!*, dann steig ein. Aber wunder dich nicht, wenn schnell Gegenwind kommt! Das ist ein gutes und normales Zeichen.

Ruderboot 3:
Glaube an göttliche Versorgung

Du möchtest gerne eine Bibelschule besuchen, einen Missionseinsatz oder ein Orientierungsjahr machen, doch du kannst es dir nicht leisten, und deine Eltern haben dir geraten, es zu vergessen? Wenn der Heilige Geist dir den Eindruck gibt, dass es für dich dran ist, den teuren Missionseinsatz zu machen, dann trau ihm zu, dass er ein finanzielles Wunder zustande bringen wird. Ein Boot steht bereit, auch wenn es so aussieht, als könntest du noch nicht losfahren, weil die Ruder noch fehlen. Wenn der Heilige Geist dir aufträgt, irgendwo hinzurudern, dann gibt er dir auch alle Mittel, dort anzukommen – inklusive Geld. Bitte Gott doch mal um eine unverdiente Finanzspritze.

Ruderboot 4:
Zeit für Künstler

Junge Leute mit einer künstlerischen Ader haben es in den Gemeinden nicht immer leicht. Sie passen oft nicht in ein vorgefertigtes Raster, das festlegt, welche Gaben und Fähigkeiten gerade notwendig sind. Techniker werden immer gebraucht, aber was ist mit Zeichnern, Gedichteschreibern, Tänzern, Schauspielern und Nachwuchsautoren? Viele Gaben, die der Heilige Geist ausgießt und verschenkt, bleiben unausgepackt, weil Jugendliche das Gefühl haben, ihre Gabe oder Fähigkeit sei nicht wichtig. Es steht ein Boot für Künstler bereit. Zum Glück musst du nicht in ein vorgefertigtes Programm passen, zur Not geht Jesus mit dir auf dem Wasser und macht etwas völlig Verrücktes.

Ruderboot 5:
die Stimme Gottes

Der Heilige Geist ist Gott. Wenn er dir etwas sagt, dir etwas aufs Herz legt, dann ist das die häufigste Art, wie Gott spricht. Man hört nicht akustisch eine Stimme, sondern ein Flüstern im Herzen. Gott möchte mit dir eine Beziehung leben und Beziehung basiert auf reden und zuhören. Also redet der Heilige Geist mit dir – jeden Tag! Lerne hinzuhören, mal zu beten ohne zu reden, und stelle unter Beweis, dass du nicht nur hören willst, was Gottes Wille für dich ist, sondern dass du ihn auch befolgen willst. Wenn du nach einer Zeit des Prüfens den Eindruck hast, dass der Heilige Geist geredet hat, dann mach es wie Petrus: „Herr, wenn du es bist ...“

Es steht ein Boot für dich bereit, und das trägt den Namen „Die Stimme Gottes kennenlernen".

*

Denkst du, dass da ein Boot für dich dabei ist, ein Abenteuer, das deine Sehnsucht weckt? Wenn du einen großen – wirklich großen und unfassbaren – Gott erleben möchtest, dann steig ins Boot und rudere zu neuen Ufern. Erlaube Gott, dein kleines Konzept vom normalen Christsein zu revolutionieren.

Der Heilige Geist liebt es, etwas Neues zu tun, aber er befehligt niemals ein Sklavenschiff. Jeder muss selbst einsteigen und bereit sein, einen Glauben zu wagen, der jenseits des Natürlichen angesiedelt ist. Es steht ein Boot für dich bereit, und wenn du einsteigst und machst, was der Heilige Geist dir sagt, dann wird es dir den Atem verschlagen. Denn er tut auch heute noch Wunder.

*

Wenn du momentan das Gefühl hast, Jesus sei (mal wieder) nicht auffindbar, dann hat er dir womöglich etwas gesagt, worauf du noch nicht reagiert hast. Er hat dich gedrängt, in dein Boot einzusteigen, doch du bist dieser Aufforderung, warum auch immer, nicht gefolgt. Wenn es scheint, als wäre Gott gerade weit weg, wartet Jesus vielleicht bereits im Sturm auf dich. Und wenn du nun in dein Boot einsteigst, wirst auch du bald eine gute Geschichte zu erzählen haben. Willst du mit deinem Leben Geschichte schreiben? Dann schnapp dir dein Boot und es wird schon bald Bewegung in dein Leben kommen.

Meine Geschichte

Ich bin von Natur aus ein Suchender.

Als ich einmal in meiner zerfledderten Lutherbibel las, wurde mir immer mehr klar, dass die ungewöhnlichen Geschichten, Verheißungen und Aufforderungen mich betreffen. Ich konnte diesen Gedanken nicht von mir weisen. Das wäre vollkommen unlogisch, und ich spürte auch immer mehr, wie der Heilige Geist mich anstupste, verrückte Dinge zu tun. Jedoch: Meine Zweifel, meine Angst vor Enttäuschungen und die Abhängigkeit von menschlichen Meinungen sorgten immer wieder dafür, dass ich untätig blieb.

Und auch in meinem christlichen Lebenslauf gibt es jene ungeklärten Fragen, jene Momente, in denen man etwas für Gott gewagt hat und es scheinbar sinnlos war. Auf der Suche nach dem übernatürlichen Christsein habe ich Rückschläge kassiert und verspürte hin und wieder den Drang, lieber wieder brav in die Reihen der „Vernunfts-christen" einzutreten.

Ich erinnere mich an eine Bekannte, die selbst nicht an Gott glaubte und die lange Zeit unter unerklärlichen Kopfschmerzen und Schwindel-attacken litt. Die Ärzte hatten alle keine richtige Erklärung, aber ich glaubte, dass Gott übernatür-lich heilen kann. Es lag mir auf dem Herzen, für sie zu beten. Also fasste ich mir ein Herz, rief sie an und sagte ihr, dass ich an einen Gott glaube, der heilen kann. Sie war einverstanden, dass ich für sie beten würde.

Sie kam, und meine Eltern und ich beteten für sie. Ich war überzeugt: *Wenn sie jetzt geheilt wird, wird sie sich bestimmt bekehren.* Sie hat dann ja Gott live erlebt. Es passierte we-der das eine noch das andere.

Auf der Suche nach dem übernatürli-chen Christ-sein habe ich Rückschläge kassiert.

Bei einer anderen Begebenheit hatte ich morgens in einer längeren Gebetszeit den Eindruck, dass ich einer Nach-barin von einem guten Freund von mir Blumen kaufen und ihr sagen sollte, dass Gott ihr Leben wieder hell machen wollte. Von meinem Kum-pel wusste ich, dass es ihr in letzter Zeit sehr schlecht ging. Ich haderte mit mir. Ich konnte doch einer wildfremden älteren Frau nicht einfach Blumen vorbeibringen und ihr an der Haustür sagen, dass Gott ihr Leben wieder hell machen wollte. Die würde mich doch für verrückt halten. Und überhaupt: Wenn ich mit so einem Blumenstrauß da auftauchte, würden die Leute vom Dorf womöglich noch sagen, sie hätte eine Affäre mit einem jüngeren Kerl.

Mir fielen etliche mehr oder weniger gute Gründe ein, warum ich das nicht tun könnte. Schließlich rang ich mich jedoch dazu durch. Auf der Fahrt zu der Dame hielt ich bei einem Blumenladen. Ich dachte mir, dass eine kleine Blume wohl angebracht sei. Gott sah das anders. Im Blumenladen hörte ich eindeutig, wie der Heilige Geist sagte: *„Kauf einen großen, bunten Strauß Blumen!"* Über die Definition von „groß" kann man ja streiten. Schließlich kaufte ich für 30 Euro den teuersten bunten Blumenstrauß, den ich je gekauft habe, für eine Frau, die ich nicht kannte. Ich war zu der Zeit noch Student und 30 Euro brachten mich dem Monatsruin nahe.

Mit zitternden Händen klingelte ich bei der Frau. Es rührte sich nichts. Ich klingelte noch einmal und hoffte inständig, dass sie einfach nicht da sei. Schließlich ging ich zu meinem Kumpel hinüber und erzählte ihm von der Sache. Anschließend

stellte ich den Blumenstrauß mit ein paar ge-
schriebenen Zeilen vor ihre Tür. Später sagte
mein Kumpel, dass sie sich gewundert hätte, aber
doch dankbar war. Das war's. Keine Bekehrung.
Kein sichtbares „Hell-Machen" von Gott. Es blieb
alles beim Alten.

Du siehst: Nicht immer erhal-
ten wir das Ergebnis auf unseren
Glaubensmut, das wir uns erhof-
fen. Meine Geschichte ist also eine
Geschichte von scheinbar unbe-
lohnten Risiken. Von Glaubensproben ohne Belohnungszertifikat. Ich
musste schon oft mein Herz gegen
die drohende Enttäuschung vertei-
digen. Es gibt nun einmal offene Fragen, Momente des Zweifelns, und das Eingestehen, dass man
Gott nicht immer versteht.

> Nicht immer
> erhalten wir
> das Ergebnis
> auf unseren
> Glaubens-
> mut, das wir
> uns erhoffen.

Und doch: Wer sich auf den Weg macht, der
wird auch Erfolge sehen. Der wird wie ich erleben, wie Gott wirkt. Wie Gott finanzielle Wunder
tut, wie Gott aufgrund von Gebet seine unendliche Güte sichtbar werden lässt. Wie das Wunderbare erlebbar wird, weil wir einen wunderbaren
Gott haben.

Als ich meine Freundin Nicole kennenlern-
te, hatte sie eine Lebensmittelallergie, die es in
sich hatte. Ich habe kein gutes Gedächtnis, aber

die Gemüse- und Obstsorten, die sie essen durfte, konnte sogar ich mir merken.

Wenn sie etwas Falsches gegessen hätte, hätten ihre Lippen stark geschmerzt und ihr Hals wäre lebensgefährlich zugeschwollen. Irgendwann beschloss ich, dass ich das nicht hinnehmen würde. Ich fing an, für sie und mit ihr zu beten. Ich erinnere mich noch, wie ich zu Gott sagte: „Wenn du sie jetzt heilst, dann werde ich dir die Ehre geben und es überall erzählen!" Etwas später fuhr Nicole zu einer Konferenz, wo ein Bekannter ihres Vaters Gebet anbot. Sie ließ für sich beten. Am nächsten Tag beschloss Nicole, Gott zu glauben, dass er sie geheilt hätte. Sie kaufte Nüsse und andere Dinge, die sie zehn Jahre lang nicht mehr hatte essen können. Am Anfang war noch ein Kratzen im Hals zu spüren, dann ließ es nach. Das Ganze ist nun mehrere Monate her und Gott hat sie geheilt. Halleluja! Wir erzählten von Gottes Heilungswunder in unserem Freundeskreis und in unseren Familien. Nicole gab ihr Zeugnis in ihrer Gemeinde und wir taten es gemeinsam bei einem Jugendgottesdienst und nun kann es hier jeder lesen.

In diesem Jahr erlebte ich außerdem noch finanzielle Wunder und ungewöhnliche Zeichen der Güte Gottes. Als Filmstudent musste ich

> Wer sich auf den Weg macht, der wird auch Erfolge sehen.

eigenständig und ohne finanzielle Unterstützung der Uni meinen Diplomfilm drehen. Normalerweise machen die Abschlussstudenten Kurzfilme von 10 bis 30 Minuten Länge. Ich hatte jedoch das Gefühl, dass Gott von mir verlangte, einen Langfilm von 80 Minuten zu machen. Als ich mir sicher war, dass das Gottes Idee war, ging ich zu meinem Fachbereichsleiter und erzählte ihm von meinem Plan, einen Langfilm zu drehen. Er fragte mich, wie viel Geld ich dafür einkalkuliert hätte und wo ich dieses herbekommen wollte.

Auf seine Aussage, dass ich mindestens 60.000 Euro bräuchte, antworte ich: „Ich rechne mit 13.000 Euro, und ich glaube, dass Gott das Geld auftreiben wird." Mehr konnte ich nicht sagen. Mein Konto war leer, und die normalen Finanzierungsmöglichkeiten fielen in der verrückt kurzen Zeit, die mir noch blieb, alle weg. Wenn Gott nicht für mindestens 13.000 Euro sorgen würde, wäre ich geliefert. Gott musste ein Wunder tun, oder ich wäre der größte Idiot, der je die Uni betreten hat.

Fünf Wochen vor Drehbeginn fehlten mir noch 10.000 Euro. Spätestens hier hätte jeder normale Mensch aufgegeben. *Wie willst du ohne Geld einen Film machen? Wovon willst du das Catering bezahlen? Die Unterkünfte? Das Equipment? Die Reisekosten?* Bis zu diesem Zeitpunkt hatte ich Gott noch nie um 10.000 Euro gebeten. Aber nun tat ich es. Und er schickte das Wunder. Verschiedene Leute, die ich teilweise nicht einmal kannte, gaben mir Geld für das Projekt.

Ich hatte im Glauben bereits Dinge organisieren und Verbindlichkeiten eingehen müssen, ohne das Geld dafür zu haben. Aber ich musste Gott vertrauen, dass es reichlich und pünktlich kommen würde.

Nach dem eigentlichen Dreh brauchte ich noch dringend ca. 500 Euro für Musiklizenzen. Ich hatte keine Ahnung, wo die herkommen sollten. Also betete ich auch dafür. Zwei Tage später bekam ich eine Mail von jemandem, dem ich Monate zuvor ein paar Informationen über das Projekt hatte zukommen lassen. Er hatte damals nicht darauf reagiert. Nun schrieb er mir, er wolle mir noch „etwas" geben. Kurze Zeit später hatte ich 1.000 Euro auf meinem Konto. In einer anderen Situation passierte etwas Ähnliches.

Du siehst also: Meine Geschichte ist nicht nur eine von unerfüllten Hoffnungen, es ist auch eine Geschichte von Glaubensproben und dem übernatürlichen Eingreifen Gottes.

Ich möchte dich ermutigen. Lerne Gott von der Seite kennen, die du noch nicht kennst. Von der Seite, die dir vielleicht unheimlich und riskant erscheint. Suche und strebe nach dem

Wunderbaren, nach der Kraft Gottes, nach dem Außergewöhnlichen.

Soli Deo Gloria

Mit den Geschichten aus meinem Leben geht es mir nicht darum, zu zeigen, was ich für ein Glaubensheld bin, es geht in erster Linie um Gottes Ehre. Wenn du wie ich siehst, wie Gott einen geliebten Menschen heilt, dann steigt in dir Lobpreis auf. Du willst Gott neu Ehre geben, seine wunderbaren Taten bekannt machen. Wenn Gott etwas Ungewöhnliches tut, etwas, das nicht mehr in unsere Logik passt, dann staunen wir vor diesem großen Gott, und neue Ehrfurcht macht sich breit – auch bei denen, die nicht an ihn glauben. Was für eine Gelegenheit! Willst du Gott ehren? Warum beraubst du ihn dann durch dein kleingläubiges, kleinkariertes Denken seiner Ehre und seines Ruhms?

Lerne Gott von der Seite kennen, die du noch nicht kennst.

Wenn Gott etwas Ungeheuerliches vollbringt, dann sehen die Menschen um dich herum, dass dein Glaube anders ist. Dass dein Gott groß ist und Lob verdient. Wenn wir immer nur durch sicheres, ruhiges Fahrwasser schippern, wo wir im Zweifelsfall das Ding noch selbst managen können, wo sollen da die Menschen Gottes Handschrift sehen? Da bekommt Gott keine Ehre. Da bekommen wir selbst die Ehre.

Das Ziel ist immer: Jesus bekannt machen, Gott ehren, Menschen etwas Gutes tun.

Das Motto für mein Filmprojekt war übrigens: *soli deo gloria.* Die Abkürzung „S.D.G." stand am Eingangstor meiner Uni, etwas überwachsen von Efeu. Dieselben Initialen hat schon Johann Sebastian Bach unter seine Werke geschrieben. Die Übersetzung lautet: Allein zur Ehre Gottes.

Wenn wir das beherzigen, kann Gott übernatürliche Dinge vollbringen, und wir laufen nicht Gefahr, abzuheben, stolz oder sensationsgeil zu werden. Wir sind alle berufen, ein Leben zu führen, das Gottes Ehre und Ruhm mehrt.

*

Mit ganzem Herzen will ich dich preisen, Jahwe, will all deine Wunder verkünden!
Psalm 9,2; NeÜ

Gaben entdecken und Feuer frei

Auf der Suche nach der persönlichen Berufung ist es wichtig, sich zunächst einmal bewusst zu machen, wo die eigenen Begabungen und Fähigkeiten überhaupt liegen.

Lass die Gabe, die Gott dir aufgrund eines prophetischen Wortes und durch Handauflegung der Ältesten geschenkt hat, nicht ungenutzt.
1. Timotheus 4,14; NeÜ

Kennst du deine Gaben und Fähigkeiten? Auch dir sind durch Gottes Gnade Gaben, Talente und Fähigkeiten geschenkt worden. Ich glaube, in der Jugendzeit gehört es zu unseren Aufgaben, diese Geschenke zu entdecken, sie auszupacken und dankbar einzusetzen. Steve Pederson, Leiter der Theaterarbeit in der *Willow Creek*-Gemeinde, schreibt in seinem Buch *Praxisbuch Theater*: „Meiner Überzeugung nach gibt es in jeder Kirche und Gemeinde – egal, welcher Größenordnung – begabte Menschen, die nie „entdeckt" werden. Häufig wissen sie selbst noch nicht einmal, dass sie ein verborgenes Talent besitzen."[2]

Jeder hat eine Berufung, die darin besteht, seine Gaben zu entdecken und sie für Gottes Reich einzusetzen, sozusagen das verborgene Talent zutage zu fördern.

Ich war 16 Jahre alt – ein Alter, in dem man sich und Gott oft fragt, wo die eigenen Gaben liegen –, als ich bei uns in der Gemeinde den Jüngerschaftskurs (JSK) erfolgreich absolvierte. Dieser Kurs ist vergleichbar mit dem Biblischen Unterricht oder der Konfirmation. Teenager lernen aus der Bibel und sollen danach aktiver Teil der christlichen Gemeinschaft werden. Zum Ende dieses Kurses sollten wir den traditionellen Abschlussgottesdienst halten. Alle JSKler sollten irgendeinen Part für den Gottesdienst übernehmen. Ich landete zufällig in der Gruppe, in der ein kurzer Film produziert werden sollte. Ein Mitarbeiter hatte ein kleines Drehbuch geschrieben und wir durften einen klassischen JSK-Tag nachspielen – auf witzige Art, versteht sich. Dummerweise wollte keiner die männliche Hauptrolle übernehmen, bis sich schließlich ein schüchterner Junge dazu bereiterklärte: ich.

Wir drehten an einem Samstag verschiedene Szenen; unter anderem stellten wir eine Taufe in einem See nach und ich durfte mich in einem Steinbruch abseilen. Was das mit der eigentlichen Story zu tun hatte, weiß ich heute nicht mehr, aber es war cool. An diesem Tag machte ich zwei Feststellungen: Erstens, dass es richtig Spaß macht, mit anderen Leuten zusammen einen Film zu drehen, gemeinsam etwas zu verwirklichen. Zweitens, dass ich das Filmemachen an sich liebte, nicht als Darsteller, sondern als Regisseur. Als wir schließlich den Film beim Gottesdienst präsentierten, wusste ich, das würde nicht mein letztes Projekt dieser Art gewesen sein. Leidenschaft war entbrannt – kein riesiges Osterfeuer, aber ein stetiger Schwelbrand. Von meinem Entlassungsgeld, das ich von der Verwandtschaft nach dem JSK zugesteckt bekam, kaufte ich mir meine erste Kamera. Heute, acht Jahre später, habe ich Film und Regie mit Diplom studiert und diverse Filme gemacht.

> Auch dir sind durch Gottes Gnade Gaben, Talente und Fähigkeiten geschenkt worden.

Der „Zufall" von gestern wurde zur Vision von morgen und schließlich zur Realität von heute.

Wenn du Gott bittest, dir deine Gaben zu zeigen, wie ich es damals auch gemacht habe, dann sorgt er dafür, dass du sie „zufällig" entdeckst. Deine Aufgabe ist es dann, dich wirklich auszustrecken nach deinen Gaben und Talenten. Wenn sich dir eine Chance bietet, etwas auszuprobieren, eine potenzielle Gabe praktisch zu überprüfen, dann nimm sie wahr!

Es ist wichtig, sich mit seinen eigenen Stärken und auch mit seinen Schwächen auseinanderzusetzen. Das hat gleich mehrere Gründe:

Hast du schon mal irgendwo mitgearbeitet, wo du schnell gemerkt hast, dass das nicht dein Ding war? Die Aufgabe entsprach so gar nicht deinen Neigungen und deinen Fähigkeiten? Wenn wir permanent jenseits unserer Gaben und Talente arbeiten, dann wird es auf Dauer sehr anstrengend. Was dem anderen leicht von der Hand geht und ihm Freude macht, ist für den anderen pure Plackerei. Wir müssen uns auf die Suche nach den eigenen Gaben machen, weil es ohne sie sehr mühselig und langweilig werden kann. Ja, es ist gut, zeitweise auch mal einfach irgendwo mit

> Es ist wichtig, sich mit seinen eigenen Stärken und auch mit seinen Schwächen auseinanderzusetzten.

anzupacken, weil gerade Not am Mann ist, aber das sollte nicht der Dauerzustand sein.

Der zweite Grund, warum Gaben so elementar sind, ist, dass sie eine hohe Qualität erzeugen. Jemand, der die Begabung hat, mit Kindern gut umzugehen und ihnen Dinge verständlich zu machen, der wird ihnen das Wort Gottes und seine Liebe viel besser vermitteln können als einer, der die Begabung nicht hat. Jemand, der gut gestalten kann und eine ausgeprägte kreative Ader hat, wird den Jugendraum ganz anderes gestalten und dekorieren als ein PC-Freak, der sich gut mit Technik auskennt. Der Freak würde vielleicht ein paar freakige Poster von einem Ballerspiel aufhängen, das war's dann aber auch schon. Setzt sich ein von Gott begabter Mensch an den Flügel, kommen himmlische Töne heraus. Setzt sich jemand an das teure Instrument, der frei von jeglicher Musikalität ist, dann fangen die Ohren an zu bluten.

Jeder hat seine individuellen Gaben bekommen, und diese sollen gelebt werden, weil sie eine hohe Qualität erzeugen und Gott Ehre machen. Wenn du dich auf die Spurensuche nach deinen Gaben und Talenten machst, dann ist Qualität also ein gutes Erkennungsmerkmal. Wenn du bei einer Sache unter größten Mühen keine guten Ergebnisse erzielen kannst, sondern nur Mittelmaß, dann ist das offensichtlich nicht deine Gabe.

Durchschnittlichkeit und Ineffektivität sind gute Wegweiser, die dir sagen wollen: „Lass das lieber! Deine Gaben und Stärken liegen woanders."

Bei uns in der Gegend gibt es seit einigen Jahren im Winterhalbjahr – also von Oktober bis März – einen wöchentlichen Jugendgottesdienst, den SAT (Sonntagabendtreff). Der Sommer ist SAT-freie Zeit. Meine Freunde und ich besuchten diesen Jugendgottesdienst regelmäßig. Wir lernten dort viel und arbeiteten auch hin und wieder im Videoteam mit.

Mit der Zeit wuchs in mir der Wunsch, in den Sommermonaten auf eigene Faust einen SAT, sozusagen eine Sommerversion, anzubieten. Ich unterbreitete meinen Freunden und den Verantwortlichen den Vorschlag, und so kam es, dass wir Ende März zum ersten Sommer-SAT einluden. Mit ein paar Leuten organisierten wir alles – den Raum, die Technik usw. –, fragten Prediger an und überlegten uns Themen. Wir alle merkten schnell, dass es sehr aufwendig ist, einen wöchentlichen Jugendgottesdienst auf die Beine zu stellen. Wir hatten keine Ahnung, wie man vernünftig Werbung macht, und so saßen wir oft mit wenigen Leuten in einer kleinen Runde. Da wir nur eine Handvoll Jugendliche waren, die das alles zu managen versuchten, kam es, dass ich einmal selbst predigte, mal die Moderation machte, mal selbst

Gitarre spielte und auch selbst beim Auf- und Abbau mit anfassen musste. Auf der einen Seite war das eine geniale Erfahrung, denn es ist leicht, sich immer in ein gemachtes Nest zu setzen, aber eine ganz andere Sache, dieses selbst unter Schweiß zu bauen. Wir zogen das Ganze mehr schlecht als recht durch, aber sinnlos war es dennoch nicht. Wir hatten uns das alles ganz anderes vorgestellt – ich zumindest –, doch diese Zeit war ein absoluter Crashkurs in Sachen Gaben und Talente.

Die Moderation war nicht mein Ding. Ich bin keine Labertasche, konnte es aber mit meiner Spontaneität irgendwie rausreißen. Gitarre spiele ich sehr gerne, aber nicht unvorbereitet vor Fremden, da ich keine Noten kann und gerne mal improvisiere. Ich musste das aber häufiger machen, weil wir keine anderen Musiker hatten. Ich weiß noch sehr genau, wie ich auf der Fahrt zum Sommer-SAT jedes Mal zu Gott sagte, dass ich das nur ihm zuliebe machen würde. Ich fand es furchtbar, oft ganz spontan irgendwelche Lieder spielen zu müssen. Alles in allem, war es aber eine wirklich gesegnete Zeit, wir hatten viel Spaß, und es war eine der Erfahrungen, auf die man später gerne zurückblickt, weil man zumindest versucht hat, etwas zu starten. Aber mehr als alles andere lernte ich dabei, warum Gott uns Gaben schenkt. Ohne sie arbeiten wir uneffektiv, es ist sehr anstrengend und es kommt wenig dabei heraus. Der Sommer-SAT war eine gute Sache, aber vielleicht war er zuallererst dafür bestimmt, uns als Team etwas zu bringen und nicht den Besuchern.

Was könnte dein persönlicher Sommer-SAT-sein? Wo willst du dich einfach mal ausprobieren, Erfahrungen sammeln und eigene Stärken austesten? Für welches Projekt kannst du dich begeistern? Du musst ja nicht sofort einen Jugendgottesdienst starten, aber was für Ideen und Wünsche trägst du mit dir herum, vielleicht schon seit Längerem? Oder welches Projekt gibt es bereits, bei dem du dich engagieren kannst?

Wenn du eng mit Gott lebst, dann „reinigt" er deine Wünsche. Das heißt, dass die selbstzentrierten in den Hintergrund rücken (was nicht bedeutet, dass sie völlig unwichtig seien) und die gemeinnützigen in den Vordergrund. In den Sprüchen steht, dass der Wunsch von einem Gerechten zu lauter Gutem führt (Sprüche 11,23).

> Wenn du eng mit Gott lebst, dann „reinigt" er deine Wünsche.

Wenn dein Herz einfach für Kinder schlägt und du den Wunsch hast, den Kleinen in deiner Gemeinde zu dienen, dann arbeite zeitweise mal in der Jungschar mit. Wenn dich das Leid von bestimmten Personen oder Personengruppen stark bewegt, dann setz dich in Bewegung, und fang einfach mal an, ihnen Gutes zu tun. Wenn du z. B. einen guten Draht zu Ausländern oder Randgruppen hast, dann nutze das, lade sie in deine Gemeinde ein und erweise ihnen Gottes Güte. Hilf ihnen, Deutsch zu lernen oder die Bibel zu verstehen.

Was hat Gott dir auf dein Herz gelegt?

Wenn du das Gefühl hast, dass da noch nichts ist, dann bitte den Herrn der Gaben, dir ein paar Geschenke zu machen und einen verzehrenden Wunsch in dein Herz auszugießen.

Das Gift der ewigen Selbstzweifel

Gaben und Talente sind Geschenke, die man selbst auspacken muss.[3] Der Heilige Geist teilt sie aus, an wen er will und wie er will, aber was man daraus macht, ist jedem selbst überlassen. Wenn du meinst, dass du keine besondere Gabe hast, dann ist das Problem gewiss nicht, dass Gott dich übersehen hätte, es liegt wahrscheinlich eher daran, dass du die Gaben nicht aktiv ausprobierst oder deine Selbstzweifel dich dazu verleiten, jedes Geschenk unausgepackt zu lassen.

Gaben und Talente sind Geschenke, die man selbst auspacken muss.

Viele neigen dazu, genau wie Jeremia zu sagen, sie seien zu jung, oder sie meinen, die Sache sei zu groß, sie selbst zu klein, das Problem zu mächtig oder sie hätten sich wahrscheinlich verhört. Selbstzweifel sind ein Gift; dieses Gift lähmt dich in dem Bemühen, die eigene Berufung zu erkennen und deine Gaben effektiv einzusetzen. Aber du kannst gegen die Selbstzweifel angehen, indem du zwei Dinge unternimmst: Mach dir zuerst bewusst, wie Erfolg funktioniert. Niemand wird als Held geboren, niemand ist so talentiert, dass er nicht trainieren müsste, und keiner erlebt nur Erfolge. Auf dem Weg zum Erfolg muss man hin und wieder auch Rückschläge einstecken. Aus Misserfolg, Versagen und tiefen Wunden entstehen oft die größten Berufungen. Das solltest du dir merken. Wenn du deine Gaben und deine Berufung entdecken willst, dann solltest du dein Bewertungssystem in Sachen Fehler ändern.

Wir alle lernen von klein auf, dass Fehler schlecht und tunlichst zu vermeiden sind. Für Fehler bekommt man keine eins in der Schule. Die eins gibt es nur, wenn man perfekt ist. Diese Denkweise haben wir alle verinnerlicht. Bloß keinen Fehler machen, wenn du gut sein willst! Ja keinen Ausrutscher zulassen! In der Schule funktioniert das System, im Leben nicht. Wenn du im Leben erfolgreich sein willst, wenn du deine Berufung und Gaben finden willst, dann musst du bereit sein, Fehler zu machen. Nimm Misserfolg als das, was er ist: ein Wegweiser, der dir sagen will, dass du einen anderen Weg einschlagen oder deine Strategie ändern solltest.

Leute, die ständig in der Angst leben, Fehler zu machen, haben Schwierigkeiten, ihre Gaben zu finden und zu erkennen. Sie suchen ihr halbes Leben nach ihrer Berufung, weil sie meinen, von Anfang an perfekt sein zu müssen, und Risiken aus dem Weg gehen wollen. Selbstzweifel ernähren sich von der Angst, einen Fehler zu begehen.

Erfolg basiert in der Regel immer auf einer ganzen Reihe von Misserfolgen. Wenn du das verinnerlichst und ein wenig Risikobereitschaft an den Tag legst, wirst du deine Gaben problemlos entdecken – vielleicht nicht sofort, aber die Hinweisschilder werden dich zu deinen Stärken leiten. Wenn du mal probeweise testest, ob du diese oder jene Gabe hast, und du merkst, dass du sie nicht hast, wo ist da das Problem? Darin, dass Gott dir ein nützliches Hinweisschild in Form einer Umleitung gezeigt hat?

Ein guter Freund von mir beklagte sich hin und wieder darüber, dass er keine Idee habe, wo seine Gaben liegen könnten. Er hatte Zweifel, ob er

> Leute, die ständig in der Angst leben, Fehler zu machen, haben Schwierigkeiten, ihre Gaben zu finden und zu erkennen.

überhaupt in etwas wirklich Wichtigem gut sei. Wir beteten immer wieder, aber das löste das Problem nicht. Dann bekam er eines Tages eine Anfrage von dem Pfarrer aus seinem Dorf. Es gab dort freitagabends Jungscharfußball, und dafür wurden noch Mitarbeiter gesucht. Mein Kumpel war skeptisch. Mit Sport hatte er es nicht unbedingt und Jungschar kannte er so nicht. Ich ermutigte ihn dennoch, dort einfach mal reinzuschneien, sich das Ganze anzusehen und dann abzuwägen, ob das etwas für ihn sei. Zögernd ließ er sich darauf ein und schaute sich die Sache mal an, obwohl er nicht sehr begeistert war.

Heute arbeitet er dort noch immer mit; er hat darin tatsächlich eine gute Möglichkeit gefunden, anderen effektiv zu dienen. Er ist zwar kein Vorzeigefußballer, aber er hält dort Andachten, schenkt den Jungs seine Zeit und Aufmerksamkeit und sorgt somit dafür, dass eine Gruppe Jungs Sport machen und etwas über Gott lernen kann, statt sich freitags vollzusaufen. Die Sache ist für alle Beteiligten ein Gewinn. Seine Begabung wäre ein unausgepacktes Geschenk geblieben, hätte er auf seine Selbstzweifel gehört und aus Bequemlichkeit nichts gemacht. Er ist stattdessen das

Risiko eingegangen, einen Fehler zu machen, vielleicht nicht mit den Leuten klarzukommen oder einfach enttäuscht zu werden.

Gaben entdeckt man, indem man sie ausprobiert, probeweise irgendwo mitarbeitet oder selbst etwas startet. Hab keine Angst vor Fehlern oder den Hinweisschildern des Misserfolgs! Du kannst nur gewinnen, wenn du dich in Bewegung setzt.

Gott redet durch Menschen

Auf der Suche nach deinen Gaben und deiner Berufung ist das Feedback von anderen Menschen ein oft genutztes Sprachrohr Gottes. Nichts ist hilfreicher als jemand, der dich lobt und eine Gabe bestätigt oder aber dir ehrlich sagt, dass du woanders besser aufgehoben bist. Wenn dir wiederholt gutes Feedback zu deinem Einsatz in einem bestimmten Bereich gegeben wird und dir die Sache Spaß macht, dann kannst du dir relativ sicher sein, dass du eine Gabe entdeckt hast.

Sprich ruhig auch andere Leute aktiv an, wie sie deine Mitarbeit einschätzen. Bitte sie um ein Feedback, ob sie glauben, dieses oder jenes sei eine Gabe von dir. Dann schau, welche Rückmeldung du wiederholt bekommst.

Als ich ernsthaft begann, mein erstes Buch zu schreiben, und zwei Kapitel fertig hatte, stellte ich mein Projekt in meiner Jugendgruppe vor und sicherte mir ein paar Probeleser. Ich schickte ihnen meine bisherigen Aufschriebe und dazu eine Mini-Anleitung, nach welchen Kriterien sie meine Texte beurteilen sollten. Am Ende stand die Frage, ob sie mein Buch in dem aktuellen Stil kaufen und lesen würden.

Nach kurzer Zeit bekam ich die ersten Rückmeldungen. Es zeigte sich eine klare Tendenz. Sie war erfreulich. Als ich noch mehr Feedback hatte, war deutlich ein roter Faden erkennbar, der mir Mut machte und mein Vorhaben untermauerte. Das war wirklich hilfreich, weil ich oft starke Selbstzweifel hatte. Mein Rat an dich lautet daher: Schau auf das gesamte Feedback und nicht nur auf die erste Meinung, die du zu hören bekommst. Jeder Mensch beurteilt die Dinge etwas anders, ein einziges Feedback ist nicht aussagekräftig genug.

*

Jetzt liegt es nur noch an dir: Überleg dir, wo deine Gaben sein könnten, und dann teste es praktisch und zunächst einmal zeitlich begrenzt aus. Dann geht es daran, zu beurteilen, wie die

Qualität deiner Leistung aussieht, ob die Aufgabe dir leicht- oder sehr schwerfiel. Überlege selbst, wie du sie einschätzt, und hole Feedback von anderen ein. Lies die Hinweisschilder, die sich Misserfolg nennen, und erlaube dir selbst, „Fehler" zu machen. Wenn du etwas gefunden hast, das dir Spaß macht, wo du anderen effektiv dienen kannst und gutes Feedback bekommen hast, dann bist du zu einem Geschenk vorgestoßen.

Es lohnt sich, nach seinen Gaben zu forschen, denn sie sind Wegweiser zu deiner Berufung. Wenn dann noch ein brennender Wunsch für eine bestimmte Sache, für die Veränderung eines Missstands oder den Dienst an einer bestimmten Menschengruppe dazukommt, dann kann es gut sein, dass Gott dich berufen hat.

> Es lohnt sich, nach seinen Gaben zu forschen, denn sie sind Wegweiser zu deiner Berufung.

Und wenn Gott sieht, dass du in den vermeintlich kleinen Dingen treu bist und deine Gaben uneigennützig einsetzt, dann wird er dir auch mit der Zeit die großen und unfassbaren Dinge zeigen, die wir als Berufung verstehen.

Projekt 100

Wenn du jetzt wirklich etwas in deinem Leben verändern willst, dann kannst du an einem Projekt teilnehmen: an dem „Projekt 100". Dabei fängst du an, Inspiration in Taten umzuwandeln. Dafür soll das Projekt eine Startrampe sein, eine konkrete Hilfe mit fünf Schritten, die du nach dem Lesen dieses Buches gehen kannst. Ich habe dieses Projekt zweimal erfolgreich an mir selbst „getestet" und weiß daher, dass es eine große Hilfe ist.

Es ist natürlich keine Wunderwaffe, aber eine lohnenswerte Herausforderung. Und darum geht es: Du sollst herausfinden, was du innerhalb von 100 Tagen alles verändern und eintrainieren kannst. Es soll dir konkret helfen, das zu tun, was du als „Man-sollte-Mal" für dich erkannt hast. Leider fehlt uns oft eine konkrete Hilfe, wie wir etwas, das uns auf dem Herzen liegt, auch wirklich umsetzen. Wir kennen eher das Gegenteil, nämlich wie es sich anfühlt, wenn man mal wieder nicht in die Gänge gekommen und alles beim Alten geblieben ist. Wie es nicht funktioniert, wissen wir alle.

Wenn man seine persönliche Berufung entdecken, aber auch der generellen Berufung von Gott nachkommen will, geht es auch darum, Veränderungen im eigenen Leben herbeizuführen. Das Projekt 100 bietet dir eine Möglichkeit, die Maßnahmen, die dafür nötig sind, anzugehen und 100 Tage nach dem Lesen dieses Buches eine wirklich gute Veränderungstendenz festzustellen.

Du bleibst für ca. drei Monate am Ball. In dieser Zeit können sich neue Gewohnheiten etablieren. Laut Verhaltensforschung kann man schon innerhalb von 30 bis 50 Tagen eine neue Gewohnheit eintrainieren und verankern, wenn man täglich etwas dafür tut. Das Entscheidende ist also, dass es dir gelingen muss, mindestens 30 Tage lang jeden Tag ein wenig zu trainieren. Dafür hast du dreimal so viel Zeit, aber dann hast du auch einen Puffer, wenn du Startschwierigkeiten hast oder du merkst, dass du eine andere Strategie fahren musst, um ans Ziel zu kommen. Ein guter Plan lässt immer genügend Zeit und Raum, um flexibel zu bleiben.

Meiner Erfahrung nach kann man in 100 Tagen wirklich etwas reißen, eine neue gute Saat setzen und erste Erfolge sehen. Wenn du also, warum auch immer, die Hälfte der Zeit verpennst, kannst du immer noch viel erreichen. Also: Keine Sorge, wenn du mal für einige Zeit deine Ziele aus den Augen verlierst oder alles anders kommt als erwartet. Es geht nicht darum, an Tag 100 ein bestimmtes traumhaftes Ergebnis vorliegen zu haben. Wenn das so ist: sehr schön – aber es geht vielmehr darum, während des Zeitraums immer wieder kleine Fortschritte zu machen. Jeder Tag kann für sich ein kleiner Erfolg werden. Fang an, das zu machen, wovon du überzeugt bist, dass es dran ist. Manchmal müssen wir vertrauensvoll auf Gottes Eingreifen warten, doch oft wartet er darauf, dass wir einfach endlich mal etwas tun.

Fang an, das zu machen, wovon du überzeugt bist, dass es dran ist.

Das Projekt beinhaltet fünf hilfreiche Schritte, um ins Handeln zu kommen. Ich habe sie von erfolgreichen Menschen gelernt. Von Leuten, die wissen, wie man etwas energisch angeht und seine Ziele erreicht – z. B. Jörg Knoblauch, ein christlicher Unternehmer, oder Tony Dungy, ein amerikanischer Footballcoach, der 2007 als erster Afroamerikaner den *Super Bowl* gewann.

Projekt 100 – los geht's!

Schritt 1:
Ziele setzen

Wo hat Gott dich in diesem Buch angesprochen? Wo fühlst du dich aufgefordert, eine Veränderung einzuleiten? Was möchtest du dir gerne vornehmen? Wenn dir etwas einfällt, musst du nicht mehr tagelang um Wegweisung beten.

Mach einfach mutig aus dem, was dir auf dem Herzen liegt, konkrete Ziele. Ein Ziel zeichnet sich dadurch aus, dass der dahinterstehende Wunsch

a) konkret und messbar ist und
b) zeitlich fokussiert wird.

Setze dir wenige kleine Ziele, aber verfolge diese entschlossen. Wenn du in 100 Tagen feststellst, dass du deine Ziele auch wirklich erreichen kannst, wirst du dir danach gerne größere setzen. Man kann sich leicht verzetteln, wenn man zu schnell zu viel erreichen will. Gerade wenn es um charakterliche Veränderung geht, brauchst du extrem viel Zeit. Aber du könntest dir diesbezüglich gut ein erstes Etappenziel setzen. Formuliere maximal drei bis fünf kleine und leicht umsetzbare Ziele.

Wenn du deine Gaben endlich entdecken willst, dann nimm dir z. B. Folgendes vor: „Ich werde mich diesen Monat in einer Gabe ausprobieren, von der ich glaube, dass ich sie geschenkt bekommen haben könnte."

Wenn du mehr in der Bibel lesen willst, dann könnte das konkrete Ziel heißen: „Ich widme Gott ab sofort jeden Tag 15 Minuten am Nachmittag, in denen ich in der Bibel lese und ihm meine Aufmerksamkeit schenke."

Wenn du Geduld lernen willst, könnte das konkrete Ziel so formuliert werden: „Ich werde ab sofort in jeder Situation, in der ich sonst ungeduldig werde, anfangen, mit Gott zu reden, und ihn bitten, mir Geduld zu schenken."

Du kannst dir statt der verschiedenen kleinen Ziele natürlich auch ein großes Ziel setzen. Ich nenne es das „Quantensprungziel". Quantensprungziel deshalb, weil es ein gewaltiger Schritt nach vorne wäre, wenn du das erreichst. Wenn du diese eine Sache hinbekommen würdest, würde sich in deinem Leben gewaltig etwas zum Guten verändern. Es wäre ein Sprung auf eine höhere Ebene. Wir haben einen gigantisch großen Gott, deshalb sollten wir auch mit seinem großen Eingreifen rechnen. Dieses Ziel darf und muss groß sein. Es muss nur durch Gottes Eingreifen realisierbar sein. Es kann eine Sache sein, an der du schon oft gescheitert bist und bei der du schon die Hoffnung aufgeben hast. Diese eine Sache, bei der du Gott

Wir haben einen gigantisch großen Gott.

unendlich dankbar wärst, wenn er dir hilft, sie zu erreichen. Was ist das bei dir?

Formuliere deine Ziele – ob nun die verschiedenen kleinen oder das eine große – am besten schriftlich. Hier scheitern bereits die meisten. Sie glauben, das wäre nicht nötig und man könne sich ja auch so einfach ein paar Gedanken machen. Wenn du deine Ziele nicht aufschreibst und sichtbar immer wieder vor dir hast, verlierst du sie schnell aus den Augen. Die große Stärke von schriftlich festgehaltenen Zielen ist aber vor allem die: Du hast Klarheit. Du weißt, was du wann machen musst, um erfolgreich zu sein. Halte dein Quantensprungziel bzw. deine kleinen Ziele deshalb schriftlich fest und bringe sie an verschiedenen Orten an. Hier ein paar Vorschläge, wo du die Zettel deponieren kannst:

» neben dem Bett (Damit sind deine Ziele mit das Erste, was du morgens siehst.)
» an der Wand über deinem Computerbildschirm
» in deiner Bibel
» Toilette

Hänge sie da auf bzw. lege sie da hin, wo du oft bist und oft hinschaust! Du kannst sie auch in dein Handy einspeichern, Hauptsache, du hast sie oft vor Augen.

Schritt 2:
Sofortaktion einleiten

Wenn du dir Ziele gesteckt hast, beginne unver-
züglich, an ihrer Umsetzung zu arbeiten. Leite
eine Sofortaktion ein. Aus der Hirnforschung
weiß man: Wenn man nicht innerhalb von 72
Stunden mit der Umsetzung beginnt, sinkt die
Wahrscheinlichkeit, dass man überhaupt etwas
tut, auf wenige Prozent.

Hier ein paar bewährte Sofortaktionen:

1) Du kannst einer vertrauten Person von deinen
Zielen/Vorhaben erzählen. Das hat den Vor-
teil, dass du die Sache laut aussprichst, und
dadurch entsteht eine gewisse Verbindlich-
keit. Ruf doch einen guten Kumpel oder deine
beste Freundin an und erzähle ihm bzw. ihr
von deinen Zielen. Die Person sollte aber kein
Nörgler oder Schwarzseher sein, sonst raubt
sie dir womöglich jede Motivation. Du kannst
auch eine Mail an Leute schreiben, die für dich
beten, und ihnen erklären, dass sich in deinem
Leben jetzt etwas ändern wird.

2) Bastle oder besorge dir etwas, das dir hilft, die
Übersicht über die 100 Tage zu behalten. Z. B.
eine Zeitleiste, die groß und auffällig ist. Es ist

nicht schlecht, die einzelnen Tage dann jeweils „abzuhaken". Bewährt haben sich auch Wandkalender oder etwas Selbstentworfenes, das direkt ins Auge fällt. Kreiere etwas, das dir das Projekt in Erinnerung hält und eine Übersicht der Tage liefert.

3) Besorg dir ein leeres Buch (oder einen Notizblock), in dem du deine Erfahrungen mit Gott festhältst, in das du Fortschritte, Gedanken etc. eintragen kannst. Gib diesem Buch ruhig einen eigenen kreativen Titel oder wähle ein Motto für das Projekt aus, das du vorne drauf schreibst.

Also: Was willst du jetzt unternehmen? Mach irgendetwas, das mit deinem Projekt zusammenhängt, aber fang sofort damit an!

Schritt 3:
Schaffe einen positiven Zwang

Zugegeben, das klingt ziemlich bescheuert. Es ist aber effektiv, wenn es darum geht, eine Veränderung herbeizuführen. Du setzt dich selbst unter Druck, bevor das Leben es irgendwann macht. Du verpasst dir selbst einen Tritt in den Teil deines Körpers, der auf deiner Rückseite ungefähr mittig liegt.

Der Trick besteht darin, dass man sich selbst absichtlich in eine Situation begibt, die einen in positiver Weise zum Handeln zwingt.

Wenn dir zum Beispiel die Selbstdisziplin fehlt, morgens zeitig aufzustehen, besorg dir einen Wecker, der dir aufgrund seiner Lautstärke keine andere Wahl lässt, als das Bett zu verlassen. Du stellst ihn an das andere Ende des Raums, um ein Ausschalten im Halbschlaf zu vermeiden. Ich weiß, dass diese Art von Quälerei unmenschlich erscheint, aber sie bringt's.

Es könnte auch so aussehen, dass du dein Gottvertrauen trainierst, indem du monatlich den zehnten Teil deines Einkommens an deine Gemeinde spendest.

Als Jugendlicher hat man meist sowieso schon Schwierigkeiten mit dem Geld; wenn du dann noch 10 % abgibst, machst du dich wirklich von Gottes finanzieller Versorgung abhängig.

Auch eine Sache, die ich dir unter „Schritt 2" vorgeschlagen habe, kann dir helfen, dich positiv unter Druck zu setzen: Wenn du anderen von deinen Zielen erzählst, fühlst du dich deinem Vorhaben wahrscheinlich noch mehr verpflichtet. Wenn man in seiner Clique verkündet hat, dass ab sofort dieses oder jenes anders wird, wirst du früher oder später gefragt: „Und – wie läuft's? Bist du noch dran?" Darauf will man natürlich mit guten

Ergebnissen antworten können. Darüber hinaus kann das helfen, die Sache durchzuziehen, auch wenn du mal einen Rückschlag erlebst. Niemand will vor anderen einen Rückzieher machen und sich korrigieren müssen. Du stehst also unter einem guten Zugzwang.

Was in diesem Zusammenhang auch gut funktioniert – besonders bei Jungs –, sind Wetten. Wette mit deinen Freunden, dass du es schaffst, dein Ziel zu erreichen. Wetten funktionieren super als positiver Zwang: Sie motivieren einen und der Wetteinsatz tut sein Übriges. Mit einem selbst auferlegten positiven Zwang zeigst du deinem inneren Schweinehund, wer in deinem Leben das Sagen hat, und legst ihm mehr und mehr die Leine an. Was könntest du jetzt unternehmen, um dich selbst in eine Situation zu bringen, in der du nur noch die Flucht nach vorne antreten kannst?

Schritt 4:
Erwarte etwas von Gott

Was erwartest du von Gott in diesem Projekt? Wenn du von deinem himmlischen Vater nichts erwartest, hast du auch nichts zu erwarten. Er wartet darauf, dass du etwas erwartest. Was soll er für dich tun? Setz dich hin und überleg in Ruhe. Dann schreib deine Erwartung auf und bring sie im Gebet vor Gott. Gott sagt an einer Stelle zu seinem Volk Israel: „Ihr habt nichts, weil ihr nicht bittet." Bitte Gott und dann erwarte sein Handeln. Sei gespannt, aber überlass es ihm auch, wie er der Erwartung begegnet. Vieles kommt anders als gedacht, aber das bedeutet nicht, dass es schlechter ist. Mit Erwartungen muss man flexibel umgehen. Das bedeutet, dass man auf Gott wartet, und dann wird man auch nicht enttäuscht. Gott wird den Kern deiner Bitte erfüllen. Vielleicht nicht direkt in den 100 Tagen, aber er wird dich nicht enttäuschen.

Ich allein bin der Herr, dein Gott, der dich aus Ägypten herausgeführt hat. Öffne deinen Mund weit, damit ich ihn mit Gutem füllen kann!
Psalm 81,11; NGÜ

Mach deinen Mund auf und lass ihn dir von Gott füllen.

Schritt 5:
Belohnung ansetzen

Wenn du die 100 Tage durchgezogen hast, was könntest du dir dann gönnen? Überleg dir das im Vorfeld, nicht erst am letzten Tag des Projekts. Womit könntest du dich belohnen? Um die

Selbstmotivation hochzuhalten, verbinde mit Tag 100 etwas sehr Schönes und für dich Erstrebenswertes. Du musst ein gutes Gefühl und eine lebhafte Vorstellung damit verknüpfen. Mach am Ende des Projekts etwas, worauf du richtig Bock hast. Hier ein paar Ideen:

» Schmeiß eine fette Hausparty!
» Fahr zum Shoppen in eine Großstadt und gönne dir was!
» Geh auf ein Konzert deiner Lieblingsband!

Wenn es während der 100 Tage mal nicht so läuft, kann die winkende Belohnung neue Motivation stiften. Wenn die Belohnung für dich erstrebenswert genug ist, wirst du dich auch in Bewegung setzen, um sie zu bekommen. Also überleg dir etwas Außergewöhnliches, etwas, das du dir verdienen musst und das dir die Mühe wert ist! Wenn dir das hilft, besorg dir ein Foto oder etwas Ähnliches von deiner Belohnung. Dann wirf jeden Tag einen Blick darauf. Das wird dir helfen, dein Ziel nicht aus den Augen zu verlieren.

So werden
die nächsten 100 Tage

*Unser größter Ruhm ist nicht, niemals zu fallen,
sondern jedes Mal wieder aufzustehen.*
Ralph Waldo Emerson

Verabschiede dich von dem Gedanken, dass von
Tag 1 bis Tag 100 alles glattgehen wird, dass dieses Projekte etwas Magisches wäre oder deiner
Vorstellung von Perfektion genügen müsste. Er
werden viele Dinge äußerlich betrachtet nicht
optimal laufen. Bitte lass also nicht den Kopf hän-
gen, wenn nach zehn Tagen dein Leben noch so
ist wie zuvor. Es kann auch sein, dass du erst an
Tag 96 kleine Erfolge und Fortschritte siehst. So
ging es mir, als ich das Projekt das erste Mal aus-
probierte. Von Tag 1 bis Tag 96 passierte nichts.
Im Gegenteil, es schien, als würde alles aus dem
Ruder laufen. Doch drei Tage vor der Deadline än-
derte sich die Situation.

Es geht nicht darum, niemals zu scheitern, nur
ja keinen Fehler zu machen oder permanent auf
Wolke sieben zu schweben. Es geht darum, eine
gute Richtung einzuschlagen, sein Bestes zu geben
und Gott ganz konkret um Hilfe und Veränderung
zu bitten. Gott wählt nicht immer die bekannten

Wege, sondern führt uns gerne mal dort entlang, wo gar keine sind. Ganz wichtig: Bleib flexibel und überlass Gott die letztendliche Führung! Tu, was du tun kannst, und erwarte, dass er den ganzen Rest macht.

Geschafft: Tag 100!

Jetzt kannst du die Belohnung genießen, die du dir am Anfang ausgesucht hast. Du hast es dir verdient. Genieße das Gefühl, Fortschritte gemacht zu haben und das eine oder andere Problem los zu sein. Feiere deine neuen guten Erfahrungen mit Gott. Rede dir bloß nicht ein, das wäre alles keine große Sache gewesen, sondern feiere deinen Erfolg! Saug diese gute Erfahrung in dir auf. Sie ist nützlich und motivierend für deine nächsten Vorhaben und Ziele. Tag 100 ist zuallererst ein Tag der Belohnung und des Feierns, auch dann, wenn du dir noch mehr vorgenommen hattest.

> Bleib flexibel und überlass Gott die letztendliche Führung!

Aber am Ende eines Projekts, egal, von welchem, schaut man auch immer zurück. Das geht oft automatisch mit Feiern einher. Während man seine Belohnung genießt, fragt man sich, was es eigentlich zu feiern gibt, was man in den letzten 100 Tagen erreicht hat.

Dann ist es ganz wichtig, sich Zeit zu nehmen und in aller Ruhe ein Resümee zu ziehen. Nutze dazu folgende Leitfragen:

» Wo standst du vor 100 Tagen und wo stehst du jetzt?
» Wo hast du Fortschritte gemacht, wo hat sich etwas verändert?
» Was ist nicht so gut gelaufen und woran musst du weiter arbeiten?
» Wofür kannst du Gott von Herzen danken und wie kannst du seine gütige Hilfe und sein Eingreifen anderen bezeugen?
» Was war positiv und ist es wert, dass du es in Zukunft weiter ausbaust?

Paulus beschreibt ein Prinzip, das sich nach so einem Projekt exzellent anwenden lässt: das Gute behalten und ausbauen, das Schlechte erkennen und ablegen (1. Thessalonicher 5,21). Projekt 100 ist dazu da, ins Handeln zu kommen und dadurch das Gute praktisch zu erleben. Eigene gute Erfahrungen zu sammeln und diese nach 100 Tagen weiter auszubauen, ohne Zeitlimit, ohne den Rahmen eines Projektes. Wichtig ist, dass man sich nach dem Projekt direkt neue Ziele setzt, neue Erwartungen sät und nicht zulässt, dass man wieder in ein Motivationsloch fällt oder wieder Rückschritte macht. Mach aus dem Guten direkte neue Ziele. Schau auf die vergangenen 100 Tage, doch dann konzentriere dich wieder auf die Gegenwart und Zukunft. Überleg nicht zu lange, was alles noch schlecht ist, wo du noch Probleme hast und Gott noch nicht geantwortet hat. Wenn du das Positive aus dem Projekt erkannt hast, nimm es und übe es weiter ein. Du trainierst weiter deine Glaubensmuskeln, du bleibst weiter an Jesus dran, und du tust einfach weiterhin, was er dir sagt.

Noch was zum Schluss

Ich wünsche dir von Herzen, dass in dir ein göttlicher Funke übergesprungen ist und du Feuer und Flamme für den Höchsten bist. Dass du dich auf den Weg machst, deine persönliche Berufung zu finden, aber auch der allgemeinen Berufung folgst, die allen Christen gilt: der Berufung, Gott großzumachen und ihm zu dienen.

Durch Jesus hat er alle Voraussetzungen dafür geschaffen, dass wir ihm folgen können. Und unterwegs mit Jesus findest du das Leben in Fülle, von dem du träumst. Du wirst schrittweise zu dem Menschen, der in Gottes genialem Plan lebt und der einen außergewöhnlichen Lebensstil hat.

Dann wirst du eines Tages auf deine Jugendzeit zurückblicken, voller schöner Erinnerungen, reich an Erfahrungen mit Gott und dem Gefühl, Spuren hinterlassen zu haben. Spuren, die du womöglich hart erkämpfen musstest, weil du Wege gegangen bist, wo vorher keine waren. Jetzt befindet sich dort aber ein kleiner, unscheinbarer Trampelpfad, der es der nächsten Generation etwas leichter macht. Wir können bereits in jungen Jahren ein Vermächtnis schaffen. Dabei kommt es nicht nur darauf an, was wir getan haben, sondern zu wem wir geworden sind. Ob wir im Kleinen treu und zuverlässig waren, ob wir in der Liebe zu Gott gewachsen sind und ob es unser höchstes Ziel war, den Ruhm des Höchsten zu mehren.

Und du weißt ja: „Sag nicht, ich bin zu jung".

Anmerkungen

1   In Matthäus 17,27 geht es darum, dass Jesus und Petrus die Tempelsteuer bezahlen. Das tun sie mit einer Münze, die Petrus zuvor dem Maul eines geangelten Fisches entnommen hat. Es gibt unterschiedliche Angaben dazu, ab wann man Tempelsteuer bezahlen musste; manche Quellen reden von 12 andere von 14, 15 oder 20 Jahren. „Alle israelitischen Männer ab dem zwanzigsten Lebensjahr hatten für den Tempel in Jerusalem jährlich eine Doppeldrachme zu entrichten" (siehe http://www.bibelstudium.de/index.php?articles/2898/Die+M%FCnze+im+Maul+des+Fisches).   Auf jeden Fall zahlte nur Petrus die Tempelsteuer. Die restlichen Jünger könnten also unter 20 gewesen sein; sprich: Jesus hätte eine Jugendgruppe berufen, ihm nachzufolgen. Man könnte hier auch noch erwähnen, dass Petrus der Einzige ist, von dem erwähnt wird, dass er verheiratet war. Heiratsfähig war man damals in Israel mit 20 (Quelle: http://www.oora.de/hefte/heftarchiv/heft-23/heft-23-die-juenger-jesu-alles-teenies-oder-was.html)

2   Im Englischen gibt es übrigens eine sprachliche Übereinstimmung bei den Wörtern für „Geschenk" und „Gabe"; beides heißt „gift".

3   Steve Pederson, *Praxisbuch Theater – ein Leitfaden für die Theaterarbeit in der Gemeinde,* Seite 43, Gerth Medien, Asslar 2004

Jonathan Lommel

Zum Glück gibt's Gott

Auf dem Weg zum Ursprung und
Ziel deiner Sehnsucht

Tb., 160 Seiten

Dieses Buch ist für Jugendliche, die vom Leben nicht
genug bekommen können. Für alle die, die auf der
Suche sind nach dem wahren Glück. Es will auf den
Weg führen zu dem Ursprung und Ziel dieser Sehnsucht: hin zu Gott, der ein Leben in Fülle verspricht.

Best.-Nr. 271.059
ISBN 978-3-86353-059-4

Jonathan Lommel

Reicher Ertrag am Ährentag
Was du säst, das wirst du ernten

Tb., 80 Seiten

Glaubst du an den Zufall oder an das Schicksal? Ein
Bauer tut das nicht. Er lebt – wie wohl kein anderer –
nach einem völlig vernachlässigten Gesetz: Was
du säst, das wirst du ernten. Das Gesetz von Saat
und Ernte gilt allerdings nicht nur in der Natur. Was
genau es mit deinem Leben zu tun hat, erfährst du in
diesem Buch.

Best.-Nr. 271.099
ISBN 978-3-86353-099-0